会計学の考え方

友岡 賛
susumu tomooka

Concept of accounting

泉文堂

◆◆ 緒　　言 ◆◆

　1947年（昭和22年）創業の書肆，泉文堂の初期の刊行物リストの著者には高村象平（『資本主義の歴史的問題』1948年）や高橋誠一郎（『正統学派経済学研究』1949年）や小泉信三（『初学経済原論』1952年）などといった慶應義塾所縁(ゆかり)のビッグ・ネームをみることができ，また，近年も『経済学の考え方（新版）』（2017年）の福岡正夫があるが，ただし，この書は『(新版)』であって，福岡はおよそ40年前に『経済学の考え方』（1978年）をもって上木している。

　さて，本書は，タイトルから推察されるように，この福岡著の「会計学版を書いていただけませんか」という依頼を受けて書かれた。「福岡先生の鞏に倣うなんて烏滸がましい」などといったことをいう筆者では，むろん，なく，「この本はどう考えてもボクが最適任」と即答，二つ返事で引き受けたが，叙上のように，慶應義塾とは浅からぬ縁の泉文堂である。そういえば，大学に入って初めて受けた会計学の授業のテキストはこれも泉文堂の和田木松太郎著『現代簿記提要』（1974年）だったが，それはさて措き，そうした泉文堂から自著を出すことについては些か感慨めいたものがあるような，ないような，といった感じである。

　シリーズ化が企図されているのかどうか，すなわち『〇〇学の考え方』シリーズが企図されているのかどうかは定かでないが，執筆に着手するに当たっては，精読はしなかったものの，『経済

学の考え方』および『経済学の考え方(新版)』に一応は目を通した。その結果，分かったことは，一見，初学者向けの入門書ないし一般向けの教養書のようなタイトルながら，しかも，序文には「これから経済学を学ぼうとする人々に云々」[1]や「これから経済学を学ぼうとする皆さんに云々」[2]とされていながら，決してそうではない，ということだった。なかなか難しく，経済学について一通りのことは知っていなければ，到底，理解しえない本だった。

というわけで (?)，本書は如上の福岡著の顰に倣い (?)，基本的な専門用語の類いは既知のものとして書かれた。敷衍するに，会計学について一通りのことは知っている向きに『会計学の考え方』を改めて考えてもらう材料として書かれた。ただしまた，改めて考えてもらいたい，という思いもあって，本書は書かれた。

2018 年 9 月 16 日，三田山上にて

友岡　賛

---

[1] 福岡正夫『経済学の考え方』1978 年,「まえがき」1 頁。
[2] 福岡正夫『経済学の考え方(新版)』2017 年,「新版刊行にあたって」5 頁。

◆◆ 引用について ◆◆

　原文における（　）書きや太文字表記や圏点やルビの類いは，原則として，これを省略した。したがって，引用文におけるこの類いのものは，特に断りがない限り，筆者（友岡）による。

　また，引用に際して，旧字体は，原則として，これを新字体に改め，促音や拗音の類いが小文字表記されていない場合は小文字表記に改め，漢数字は多くの場合，算用数字に改めるなどの加筆を施している。

◆◆目　　次◆◆

緒　　言　*1*
引用について　*3*

第1章　「会計学」の来し方 ……………………………9

経済学の考え方と会計学の考え方　*11*
「会計学」の範囲　*14*
『会計学』のテキスト　*16*
太田哲三のテキスト　*22*
黒澤清のテキスト　*30*
『財務会計論』　*33*
爾後の代表的なテキスト　*36*
種々のvs.　*41*

第2章　経済学と会計学 ……………………………… *45*

経済学と会計学　*47*
会計の異質性　*49*
利益の計算　*52*
経営と会計　*55*
「会計的な考え方」，機会費用，管理会計　*57*
利益の計算（続）　*61*
経済学に学ぶ？　*66*
時価と有用性　*69*

第3章　減価償却の意義 …… 75

　減価償却の意義 (significance)　77
　減価償却の意義 (meaning)　81
　減価償却引当金と発生主義会計　86
　適正な期間損益計算と減価償却の意義　91

第4章　「資産」概念と資産の分類 …… 101

　「資産」概念　103
　資産の分類　110
　種々の分類　113
　理論的混乱？　120
　分類の意義 (meaning，あるいは significance)　123
　資産の分類の意義 (significance)　125

第5章　事業の言語の種々の方言 …… 127

　「事業の言語」の譬喩　129
　原価計算という方言　130
　方言の整理　132
　制度会計　138
　[外部報告会計 ＝ 財務会計] という捉え方　146
　その他の方言　149

第6章　オフ・バランスの問題 …… 153

　認識と「取引」概念　155
　オフ・バランス項目　157
　実質優先思考　159
　客観性と専門的な判断　161

経済的実質の追求と「取引」概念の拡大　*163*
時価の捉え方　*168*
やはり拡大か　*172*

第7章　stewardship と accountability …………*177*

「責任」　*179*
「stewardship」と意思決定有用性　*182*
「stewardship」概念の後退　*184*
利害調整と意思決定支援と stewardship　*192*
accountability　*196*
stewardship と accountability の捉え方の類型　*201*

文献リスト ……………………………………………*205*
索　　引 ………………………………………………*215*
著者紹介 ………………………………………………*218*

「会計学」の来し方

会計学の考え方を考える。まずは代表的なテキストの類いがサーベイされる。

経済学の考え方と会計学の考え方　*11*
「会計学」の範囲　*14*
『会計学』のテキスト　*16*
太田哲三のテキスト　*22*
黒澤清のテキスト　*30*
『財務会計論』　*33*
爾後の代表的なテキスト　*36*
種々の vs.　*41*

1 章

第 1 章 「会計学」の来し方　11

**経済学の考え方と
会計学の考え方**

　例えば文学部とかの辺りからみた場合には（すなわち遠目には）経済学部も商学部ないし経営学部も大同小異だろう。例えば英文学とかをやっている人からみた場合には（すなわち遠目には）経済学も会計学も大同小異だろう。

　もっと近い関係についていえば，けだし，経済学をやっている人の多くは会計学なんかには関心がないだろうし，したがって，経済学と会計学の異同を考えたりすることもないだろうが，他方，会計学をやっている人はそうでもなく，この両者の異同をかなり意識し，また，そうした人にすれば，会計学と経済学は，むしろ，小同大異ともいえようか。

　例えば経済学者にしては珍しくこの両者の異同に意を払う I 教授（経済思想史家）によれば，「経済学と会計学……というのは，近くて遠い分野である」[1]。

　しかし，いずれにしても，会計学業界にあっては会計学と経済学の比較がよく行われ，「経済学においては〇〇だが，会計学においては……」といった言い様がよく見受けられる。どうして較べるのか，といえば，この両者はやはり，小同大異ではなく，大同小異だから，なのだろうか。例えば英文学と会計学のように，大部分が異なるもの同士を較べても余り意味がない。

　さて，本書のタイトルは「会計学の考え方」だが，ここで扱われるのは会計の考え方なのか，それとも会計学の考え方なのか。

---

[1]　池田幸弘「平成 28 年度学位記授与式式辞（通信教育課程）」『三色旗』第 812 号，2017 年，20 頁。

これは，会計的な考え方なのか，それとも会計学的な考え方なのか，と換言してもまずはよかろう[2]が，いずれにしても，「学」のあるなしによって微妙に違うような気もする。しかし，まずは「微妙に違うような気もする」というに止めたい。例えば英語の場合には「accounting」ないし「accountancy」が会計と会計学のどちらを意味するかは文脈によって判断するよりほかなく，また，「accounting」と「accountancy」の異同はこれも必ずしも判然とはしない。他方，経済学の場合，「経済学の考え方」ないし「経済学的な考え方」という言い様には違和感がないが，「経済の考え方」ないし「経済的な考え方」という言い様はしっくりこない（むろん，「経済的な考え方」という言い様はあるが，これは意味が違う）。例えば「経済的所得」という呼称を用いる向き[3]もあるが，筆者とすれば，しっくりとこず，「経済学的所得」としたい。英語の場合には経済と経済学についてそれぞれ「economy」と「economics」があり，この2語の異同は割に分かりやすい[4]。

2　ただし，例えば「「会計的方法」という表現には「会計のような」あるいはより端的にいえば「会計もどきの」方法といったニュアンスも含まれうると考え……そうした「曖昧」あるいはときとして「便宜的」な表現自体が論理的・概念論的な正確性・厳密性を損なう虞をもつものと考え」（足立浩『現代管理会計論再考——会計と管理，会計と非会計を考える』2018年，215頁）る向きもある。
3　勝尾裕子「包括利益の「理論的根拠」としての経済的所得」辻山栄子（編著）『財務会計の理論と制度』2018年，81頁。
4　以下のものを参照。
　　友岡賛『会計と会計学のレーゾン・デートル』2018年，9〜14頁。

閑話休題。悉皆調査をしたわけではないが,『会計学の考え方』という本はありそうでない。他方, これも悉皆調査をしたわけではないが,『経済学の考え方』という本は（翻訳書はこれを除く[5]としても）福岡正夫著（1978 年（新版, 2017 年））[6], 時永淑著（1987 年）[7], 宇沢弘文著（1989 年）[8], 兼清弘之著（1994 年）[9]等, 数冊は見受けられ, 例えば宇沢は「本書は, 経済学史の書物ではない」[10]としつつも, 「経済学の考え方がどのように形成され, 発展してきたかという面に焦点を当てた」[11]と続け, 時永は「経済学の歴史をふりかえって考えてみようというのが, この本のねらいである」[12]と明言し, また, 福岡の書はこれもその大半は経済学史ないし経済学説史と看做すことができ, なおまた, 福岡は「この学問固有の芯」[13]の存在を重視し,「経済学は経済学としてあくまでオートノミー, 自律性をもちうる科学である」[14]こと

---

[5] 翻訳書の場合, たとい『経済学の考え方』というタイトルでも原書は *The Economic Way of Thinking* 等とは限らないため。

[6] 福岡正夫『経済学の考え方』1978 年。
  福岡正夫『経済学の考え方（新版）』2017 年。

[7] 時永淑『経済学の考え方――原論体系の史的生成と展開をめぐって』1987 年。

[8] 宇沢弘文『経済学の考え方』1989 年。

[9] 兼清弘之『経済学の考え方』1994 年。

[10] 宇沢『経済学の考え方』264 頁。

[11] 同上, 264 頁。

[12] 時永『経済学の考え方』3 頁。

[13] 福岡『経済学の考え方』8 頁（ないし福岡『経済学の考え方（新版）』7 頁）。

[14] 福岡『経済学の考え方』65 頁（ないし福岡『経済学の考え方（新版）』70 頁）。

をもって重視している点に留意される。

如上の『経済学の考え方』に倣うならば，会計学についても，学史を通じて「固有の芯」が追究されることとなろう。

「会計学」の範囲

まずは「会計学」の範囲を決めておきたい。
会計学は会計を対象とする学だから，「会計」の範囲といってもよいが，いずれにしても，捉え方の選択肢としては例えば

① 会計（学） ＝ 財務会計（論）
② 会計（学） ＝ 財務会計（論） ＋ 管理会計（論）
③ 会計（学） ＝ 会計（学）？

といったものが考えられよう。

「会計のさまざまな分類方法のうち，今日もっとも一般的なそれは，財務会計，と，管理会計，とに区別するそれであるが，『会計学』や『会計学入門』などといったタイトルのテキストのなかには，もっぱら財務会計をあつかったものも散見される」[15]。しかしながら，「もちろん，それらが，・管・理・会・計・は・会・計・で・は・な・い，という立場によっているのであればなにも問題はない」[16]のであって，この立場は①に該る。

「会計には財務会計と管理会計がある」とか，「会計は財務会計と管理会計に分類される」とかいった言い様は②に該り，また，③は，なかなか巧くいえないが，財務会計と管理会計の存在を前

---
15 友岡賛「はしがき」友岡賛（編）『会計学の基礎』1998年，ⅰ頁。
16 同上，ⅰ頁。

提としつつ、それらの統合を目指すような行き方、あるいは、いずれの会計にも通底する一般理論のみを抽出するような捉え方としておこうか[17]。

筆者は「会計」についていくつかの定義を示しており[18]、そのうちの一つによれば、①の立場にあるといえようが、しかし、②も③も否定するものではなく、しかし、管理会計の捉え方、特に管理会計論の捉え方はなかなかに難しい。

ときに管理会計論と経営学の異同は判然とせず、管理会計論は会計学と経営学のいずれに属しているのか、と問いたくもなる。事実、管理会計論と経営学の異同について、管理会計論を専攻するK教授に問うてみたことがあったが、同教授いわく、「会計学者がやっていると管理会計論で、経営学者がやっていると経営学ということです」。

「かつて、ジョン・ヒックスは経済学を定義しようとして何度か試みて、結局成功せず、経済学とは経済学者がやっていることだという定義に到達したという」[19]が、管理会計論も同様か。

ただしまた、「「会計と管理」および「会計と非会計」の概念論的な意味における混同・渾然一体的認識傾向について「再考」を促」[20]したい向きによれば、「それを抜きにすればもはや会計たりえず「会計としての管理会計」たりえないという本質的要件が

---

[17] 以下のものを参照。
友岡『会計と会計学のレーゾン・デートル』第10章。
[18] 友岡賛『会計の歴史（改訂版）』2018年、19〜26頁。
[19] 宇沢『経済学の考え方』264頁。
[20] 足立『現代管理会計論再考』iii頁。

あるはずである」[21]。

ちなみにいうと，図書館における分類法，すなわち書籍の配架順は［経営（学）……管理会計（論）……財務会計（論）・会計学］となっており，管理会計（論）は経営（学）と財務会計（論）ないし会計学の間に置かれている。

『会計学』のテキスト

或る学問領域の全体像と構成を知るにはテキストの目次が便宜である。

会計学のテキストの類いをもって時を遡ってサーベイしてみると，『会計学』といったタイトルのものは1910年（明治43年）刊の吉田良三（早稲田大学教授。のちに東京商科大学教授）[22] の『会計学』を嚆矢とし[23]，大正期ないし昭和の戦前期にも少なくはないが，『財務会計論』の類いはこれを余り古くにはみることができず，けだし，G. O. メイ（George O. May）の *Financial Accounting : A Distillation of Experience*（1943年）の1957年（昭和32年）刊の翻訳書『財務会計――経験の蒸溜』[24] が最古のものかもしれない。ただし，「本書の一部は……ハーヴァード大学経営学大学院における講義と他の目的のために書かれたものとにもとづく」[25] とされるこの書は，しかし，やはりテキストとは看做しえ

---

21 同上，2頁。
22 友岡賛『日本会計史』2018年，88頁。
23 同上，86頁。
24 G. O. メイ／木村重義（訳）『財務会計――経験の蒸溜』1957年。
25 同上，「原著序文」3頁。

ず，これに 1960 年（昭和 35 年）刊の植野郁太の書[26]が続く。

この植野の『財務会計論』は次のように述べている。

> 「いわゆる会計は企業とともに生成発展し，典型的な企業における会計はまことに内容の豊富なものとなっているが，それらは一応，財務会計，原価会計，管理会計の三つに大別することができよう。しかして本書で採上げるのは財務会計，即ち年度決算による財務諸表の作成をめぐる一連の会計計算である。それが会計の最も根源的な，包括的な領域であることはいまさら説明する必要もなかろう。ところで本書で会計というときはおのずから財務会計を意味することになり，またそれは一般の慣例とも一致している」[27]。

「いまさら説明する必要もなかろう」といわれても，どうして「最も根源的な，包括的な領域」なのか，よく分からないが，どうやら「一般の慣例」は前項の①に近いらしい。

さて，意外と歴史の浅い『財務会計論』はとりあえずさて措き，いま一度，時を遡って明治期に戻れば，『会計学』の嚆矢は下掲のような構成を有し，これはほぼ［会計学 ＝ 財務会計論］といえようし，また，［静態論 vs. 動態論］の議論，すなわち［貸借対照表 vs. 損益計算書］の関係において貸借対照表を重視するか，損益計算書を重視するか，の議論についていえば，吉田の会計学

---

26 植野郁太『財務会計論』1960 年。
27 同上，「序文」1 頁。

は静態論だったことをこの目次から窺うことができよう。

吉田良三『会計学』1910年

第1章　貸借対照表
第2章　資産負債の種別
第3章　単会計法と複会計法
第4章　資本的支出と収益的支出
第5章　財産評価法
第6章　暖簾
第7章　減価償却
第8章　負債に関する会計上の問題
第9章　株金に関する会計上の問題
第10章　損益計算
第11章　積立金
第12章　減債基金
第13章　原価計算
第14章　破産の場合に於ける財政実状表示法
第15章　合名会社及合資会社の会計上発生する計算問題
第16章　商品に関する問題 [28]

「会計学とは会計整理に関する諸種の根本問題を専ら規律的組織的に研究するものにして，恰も国家財政に於ける公財政学に対し民間企業会計に於ける私財政学とも称すべくして然も財政学よりは一層実際的性質を有するものたり。……会計学は専ら会計の根本問題を理論的に論ずるものにして簿記の如く記帳計算の技術を説くものにあらざる故，仮令簿記に通ぜざる者と雖も之を読んで能く会計上須要の知識を得べく，既に簿記に通ずるものにして之を修むれば始めて組織あり完

---

[28] 吉田良三『会計学』1910年，「目次」1〜11頁。

全なる会計頭脳を造るを得べし」[29]。

　吉田は如上の「会計学が最近に至り驚くべき進歩をなしたる大原因」[30] を「鉄と蒸気力とを中心とせる大発明に基く機械工業の隆盛」[31] および「企業経営の組織に於ける発達」[32] という「近世に於ける経済的革命の二大要素」[33] に求め，「今日会計学にて論ずる諸問題はいずれも上述の経済的変動と密接の関係を有し居り，固定資本と会社の貸借対照表とを中心として論究すべきもの最も多し」[34] とする。また，財務諸表については「貸借対照表は債権者に最も格別の利害関係ありて，損益表は出資者に最も強き利害関係あるものなり」[35] とし，資産の評価については次のように述べている。

　「営業が常態に継続する場合に於ける資産の評価は現在の所有者が是等資産に対し其際主観的に有する価格によらざるべからず。換言せば現に相当の収益を挙げ存続営業しつゝある会社資産の理論上正当なる評価は其会社が営業上主観的に是等資産に対し有する価格」[36] であって，「資産評価の基礎は，其の所有者が営業上主観的に該資産に対し有する現価による

29　同上，「自序」1～3頁。
30　同上，2頁。
31　同上，2頁。
32　同上，2頁。
33　同上，2頁。
34　同上，3頁。
35　同上，6頁。
36　同上，68頁。

べきなり」[37]。

　吉田によれば,「本書は主として巻末に列記するが如き英会計学者「ヂクシー」「リスリー」の両氏及米会計学者「ハットフィールド」氏の数著書を参考し我国会社会計の状態と現行商法とを参酌して編著せるもの」[38] とされるこの『会計学』は,ただし,H. R. ハットフィールド（Henry Rand Hatfield）の *Modern Accounting : Its Principles and Some of Its Problems*（1909 年）の祖述ともされ[39],このハットフィールドの会計学については一般にその静態性が指摘される[40][41]。

　わが国の会計学界はその主流をもってまずは率いたのは如上の吉田であって,その吉田に続いたのは上野道輔（東京帝国大学教授）[42] だったが,大正期の上野の著書には本章に取り上げるに適当なテキストはこれが見受けられず,その後は昭和の二人のビッグ・ネームが登場をみるに至る。太田哲三（東京商科大学教授）（1889～1970 年（明治 22～昭和 45 年）),そして黒澤清（横浜国立大

37　同上, 69 頁。
38　同上,「自序」3 頁。
39　友岡『日本会計史』88 頁。
40　同上, 89 頁。
41　ただし,「従来, ハットフィールドは静態論者とか静態論から動態論への過渡期の論者という性格づけがなされてきた。しかし……彼の会計理論に現代のそれと大差はない」(山地秀俊「ハットフィールド」神戸大学会計学研究室（編）『会計学辞典（第 6 版）』2007 年, 984 頁）とする向きもある。
42　友岡『日本会計史』97 頁。
43　同上, 100～101, 187～188 頁。

学教授）(1902～1990 年（明治 35～平成 2 年）)だった[43]。

　1913 年（大正 2 年）に東京高等商業学校専攻部を卒業，いくつかの教職を経て，1923 年（大正 12 年）に東京商科大学予科教授に任じられ，1929 年（昭和 4 年）に東京商科大学教授に就いた太田は動態論の代表的先駆者と目され，日本会計研究学会の理事長を 15 年間にわたって務め[44]，また，企業会計審議会の会長職にもあった[45]が，他方，実務家としても活躍し，1950 年（昭和 25 年）には日本公認会計士協会の初代の会長に就いて 11 年超もの間，この会長職にあり，また，1967 年（昭和 42 年）に誕生をみた第 1 号の監査法人は監査法人太田哲三事務所だった[46]。

　ときに企業会計原則の「生みの親」とも称される黒澤は 1926 年（大正 15 年）に東京帝国大学の文学部，1928 年（昭和 3 年）には同大学の経済学部を卒業し，同年，中央大学講師となり，同大学教授を経て，1937 年（昭和 12 年）に横浜高等商業学校教授に就き，1949 年（昭和 24 年）より東北大学教授を兼任，同年に横浜国立大学教授に就任，同大学の学長を経て定年退職後，獨協大学教授に就き，同大学の学長も務め，また，日本会計研究学会の理事長[47]および会長，日本原価計算研究学会の会長，企業会計

---

[44] 日本会計研究学会 50 年史編集委員会（編）『日本会計研究学会 50 年史』1987 年，6 頁。
[45] 太田哲三『近代会計側面誌――会計学の 60 年』1968 年，255～256 頁。
[46] 友岡『日本会計史』203 頁。
[47] 日本会計研究学会 50 年史編集委員会（編）『日本会計研究学会 50 年史』1987 年，6 頁。

太田哲三のテキスト　太田の『会計学綱要』は，ただし，未だ大正は 11 年（1922 年）の刊行であって，しかも，「本書は大正 5 年出版せし旧著を改訂すべく企てしものなり」[49]とされているものの，この『会計学綱要』の扉や奥付には「改訂版」等の表示はなく，また，「大正 5 年出版せし旧著」は（少なくとも筆者には）その存在を確認しえないが，いずれにしても，既述のように一般に動態論の先駆と目される太田のテキストは下掲の最初期の『会計学綱要』も，あるいはその次に示される 10 年後，1932 年（昭和 7 年）刊の『会計学概論』も動態論的な構成をもって有しているといえよう。

太田哲三『会計学綱要』1922 年

第 1 章　緒論	第 2 章　複式記帳
第 3 章　帳簿	第 4 章　会計実務
第 5 章　会計実務（其二）	第 6 章　勘定科目の進化
第 7 章　資本対収益	第 8 章　損益計算
第 9 章　財産目録	第 10 章　減価消却
第 11 章　有形財産	第 12 章　無形資産並に繰延財産
第 13 章　負債（対外負債）	第 14 章　繰延負債，準備金
第 15 章　保証債務，偶発債務並に対照勘定	第 16 章　資本主勘定
第 17 章　貸借対照表	第 18 章　部門計算支店会計等

48　友岡『日本会計史』188 頁。
49　太田哲三『会計学綱要』1922 年,「自序」1 頁。

第19章　清算，破産，合併　　第20章　原価計算[50]
　　　　等

太田哲三『会計学概論』1932 年

第 1 章　会計及び会計学　　　　第 2 章　会計学の発達
第 3 章　複式簿記の機構　　　　第 4 章　決算整理
第 5 章　財産計算と損益計算　　第 6 章　複会計制
第 7 章　資産評価　　　　　　　第 8 章　減価償却
第 9 章　固定資産　　　　　　　第 10 章　無形固定資産
第 11 章　経過資産　　　　　　　第 12 章　流動資産
第 13 章　有価証券　　　　　　　第 14 章　棚卸資産
第 15 章　資本勘定　　　　　　　第 16 章　準備金，積立金
第 17 章　負債　　　　　　　　　第 18 章　損益及び損益計算書
第 19 章　貸借対照表　　　　　　第 20 章　決算諸表分析
第 21 章　決算諸表の綜合[51]

　ただし，『会計学概論』は『会計学綱要』とは些か異なった体系を有し，また，この『会計学概論』は 3 年後の 1935 年（昭和10 年）に改訂増補版が出され，「此の改版を機会に貨幣価値変動時の会計及び官庁会計を追加した。前者は古典会計学から新興会計学への道程に必ず通過すべき関門である。従って単に非常時の対応策に過ぎずとの見地を捨てその一斑を示したのである」[52] として「第 22 章　貨幣価値変動時の会計」と「第 23 章　官庁会計」が設けられている[53] 点に留意される。貨幣価値変動時の会

50　太田『会計学綱要』，「目次」1～5 頁（（　）書きは原文）。
51　太田哲三『会計学概論』1932 年，3～7 頁。
52　太田哲三『会計学概論（改訂増補版）』1935 年，「改訂序言」1 頁。
53　同上，7～8 頁。

計がどうして「必ず通過すべき関門」なのか,「古典」と「新興」の異同は何か。

この第22章にあってはW. マールベルク (Walter Mahlberg) やE. シュマーレンバッハ (Eugen Schmalenbach) らの所説をもってインフレーション会計がかなり詳細に説かれ[54],「金価格又は物価指数」[55]をもって換算を行う会計,すなわち「金貨会計」と称される会計[56]を扱う「金貨会計論の意義」[57]について次のように述べられる。

> 「金貨会計は会計思想に対する革命的な動因を作ったものである。……其の研究が会計学根本原理に反省を促したことは莫大である。独逸の新興会計学理論を研究せんと企てる場合には先づ第1に金貨会計の関門を通過しなければならない。通貨の獲得を以て唯一の目的として努力する企業者に対して,貨幣価値自体が動揺することを自覚せしむるは容易でない。コペルニクスの天動説(ママ)を非科学的な野人に納得せしめるが如くである。……第2の影響は時価論の擡頭である。決算時の貨幣価値を問題とする以上商品其他の資産評価は決算時の価格即ち時価に依らなければならない。ここに動態論の根本思想に動揺を生ぜしめたことも見逃し難い」[58]。

---

54 同上, 379〜396頁。
55 同上, 397頁。
56 「単位修正の会計を一般に金貨会計と呼ぶ」(同上, 380頁)。
57 同上, 397頁。
58 同上, 397頁。

ここに「新興会計学」が出てくる。歴史的原価主義に非ざる会計が「新興」なのか。

次いで「徹底した動的論者であり，且徹底した静的論者でもある」[59]とされるF. シュミット（Fritz Schmidt）の「再買価格」[60]もってする「実体資本維持学説」[61]にも言及する太田は，しかし，「理論に溺るる」ことなく，畢竟，現実的である。

「此の際に於て実践会計としては如何なる態度を採るべきであらうか。会計技術は過去の歴史的記録に重点を置く。従来の方法，即ち取引の事実を尊重し，現実の収入支出を計算の基礎とするものを遽かに改むるは理論に溺るるの誹は免れない。唯従来の通貨会計の有する弱点を正しく認識し，これが真の資本維持に役立たず，かくして計算される利益が真の利益でないことを明かにしこれに備へれば充分である」[62]。

「会計学は専ら企業会計に関する研究である」[63]と断ずる1946年（昭和21年）刊の『会計学』（著者は東京産業大学[64]教授の太田）は，5年後の1951年（昭和26年）に出されたその新版（著者は東京商科大学[65]名誉教授の太田）によれば，「理論会計学の全班を示

---

59 同上，65頁。
60 同上，256頁。
61 同上，398頁。
62 同上，398頁。
63 太田哲三『会計学』1946年，「序言」1頁。
64 東京商科大学は戦時下，一時的に「東京産業大学」と称していた。
65 注記64をみよ。

すべく企てたものであり，会計学の存在理由とを明らかにせんとしたのである」[66]とされ，また，この新版については，1949年（昭和24年）に公表された[67]「企業会計原則に同調することの必要を感じ，ここに大改訂を施し，全面的に原則をとり入れることとしたのである」[68]とされる。「企業会計原則は，次いで発表された監査基準と共に企業会計の指針として重要な意義をもつもので……わが国会計学理論の方向は，これによって確立されたというも過言ではない」[69]として企業会計原則をもって頗る重くみる太田は，しかし，決して特別ではなく，けだし，［企業会計原則＝会計理論の 標準(スタンダード)］と目される時代の黎明だった。

太田哲三『会計学』1946年

第1章　緒論	第2章　企業会計
第3章　貸借対照表	第4章　財産評価
第5章　減価償却	第6章　有形固定資産
第7章　無形固定資産	第8章　繰延勘定
第9章　投資及び其の他の流動資産	第10章　負債
第11章　資本勘定	第12章　損益計算書
第13章　経営分析	第14章　決算書綜合
第15章　貸借対照表学説[70]	

---

[66] 太田哲三『会計学（新版）』1951年，「序言」2頁。
[67] 友岡『日本会計史』184頁。
[68] 太田『会計学（新版）』，「序言」2頁。
[69] 同上，「序言」1頁。
[70] 太田『会計学』，「目次」3〜7頁。

> **太田哲三『会計学(新版)』1951年**
>
> | | |
> |---|---|
> | 第1章 緒論 | 第2章 企業会計 |
> | 第3章 評価論 | 第4章 減価償却 |
> | 第5章 有形固定資産 | 第6章 無形固定資産及び繰延勘定 |
> | 第7章 棚卸資産 | 第8章 投資及びその他の流動資産 |
> | 第9章 負債 | 第10章 資本勘定 |
> | 第11章 会計原則 | 第12章 財務諸表 |
> | 第13章 経営分析 | 第14章 決算書綜合 |
> | 第15章 貸借対照表学説[71] | |

 なお,『会計学』は「理論会計学の全班を示すべく」とされているが,この「理論会計学」は昨今,一般に会計学業界にいう理論会計学を意味するものではない。一般にいう「理論会計学」は,語弊を(恐れず,ではなく)恐れつついえば,要するに,マル経系の会計学を意味する。

 会計学書の出版においては大手の書肆,中央経済社は周年事業として会計学叢書を刊行しており,すなわち創立10周年における『体系近代会計学』(1959年(昭和34年)刊行開始),創立20周年における『近代会計学大系』(1968年(昭和43年)刊行開始),および創立30周年における『体系近代会計学』(1979年(昭和54年)刊行開始)があるが,『近代会計学大系』においては最終巻たる第10巻が『理論会計研究』とされ[72],また,30周年における

---

71 太田『会計学(新版)』,「目次」1〜6頁。
72 馬場克三(責任編集)『近代会計学大系[第10巻] 理論会計研究』1968年。

『体系近代会計学』においてはこれも最終巻たる第 14 巻が『理論会計学』とされ[73]，例えば前者の序文は「会計学が問題とするところの会計とは，取引あるいは一般的にいって，企業資本の運動を記録計算し，かつこれを総括公表するための技術にほかならないが，このような技術が資本主義経済の制約と矛盾を内包しながら形成されてきたものであることはいまさら指摘するまでもないことである」[74]と始まる。1959 年に刊行が開始された『体系近代会計学』にはこの類いの巻がないことからすれば，当時，理論会計学は未だ市民権を得ていなかったと推察され（したがって，けだし，太田のいう「理論会計学」は別物であって），また，叙上の第 10 巻および第 14 巻がいずれも最終巻だったことからすれば，その後，市民権を得ていたとしても，そうした立ち位置だった，ということだろう。なお，1986 年（昭和 61 年）に設立をみた会計理論学会も面子は同様である。

閑話休題。次の 1962 年（昭和 37 年）刊の太田著はこれまでの 4 冊とは異なり，［会計学 ＝ 財務会計論］ではなく，［会計学 ⊃ 財務会計論］であって，「従来の会計学とは相当異なった体系をとることになった」[75]この書は「いわゆる管理会計に属する若干の問題を研究することとしたのである」[76]。ただし，その次の

---

73 松尾憲橘（責任編集）『体系近代会計学［第 14 巻］ 理論会計学』1981 年。
74 馬場克三「序文」馬場克三（責任編集）『近代会計学大系［第 10 巻］ 理論会計研究』1968 年，「序文」3 頁。
75 太田哲三『会計学通論』1962 年，「序言」1 頁。
76 同上，「序言」2 頁。

1969年（昭和44年）刊の『会計学原理』は「第20章　税務会計」はあるものの，ほぼ［会計学 ＝ 財務会計論］といえようか。

太田哲三『会計学通論』1962年

第1章　緒論	第2章　企業会計
第3章　簿記原理	第4章　帳簿
第5章　勘定学説	第6章　財産評価
第7章　評価細説(1)　固定資産	第8章　評価細説(2)　当座資産その他
第9章　評価細説(3)　棚卸資産	第10章　損益計算
第11章　原価計算(1)　総説	第12章　原価計算(2)　計算の方法手続
第13章　原価計算(3)　標準原価と差異分析	第14章　貸方勘定
第15章　財務諸表	第16章　財務諸表の総合
第17章　財務分析と資金計算	第18章　損益計算書分析と利益計画
第19章　予算制度	第20章　企業会計原則 [77]

太田哲三『会計学原理』1969年

第1章　総説	第2章　会計公準
第3章　会計原則	第4章　簿記原理
第5章　勘定科目と帳簿組織	第6章　当座資産
第7章　棚卸資産	第8章　固定資産
第9章　繰延勘定	第10章　負債
第11章　資本金と剰余金	第12章　損益計算
第13章　特殊販売	第14章　原価計算
第15章　財務諸表	第16章　財務諸表分析

---

[77]　同上，「目次」1～8頁。

第17章 本支店会計	第18章 連結財務諸表
第19章 会計監査	第20章 税務会計 [78]

黒澤清のテキスト 　黒澤には1933年（昭和8年）刊の『会計学』や1951年（昭和26年）刊の『近代会計学』があるが，しかし，これらはおよそテキストとはいえず[79]，単著のテキストとしてはまずは下掲の2冊が挙げられよう。

黒沢清『会計』1976年

序章　簿記会計の発達　　　　第1章　企業会計
第2章　会計原則と会計法規　　第3章　資産の分類と評価基準
第4章　流動資産　　　　　　　第5章　固定資産
第6章　減価償却　　　　　　　第7章　繰延資産
第8章　負債　　　　　　　　　第9章　資本
第10章　損益計算の原則　　　　第11章　営業損益・営業外損益
第12章　特別損益　　　　　　　第13章　財務諸表の種類
第14章　貸借対照表　　　　　　第15章　損益計算書
第16章　その他の財務諸表　　　第17章　連結財務諸表
第18章　財務諸表の分析 [80]

---

[78] 太田哲三『会計学原理』1969年，「目次」1〜7頁。
[79] 黒澤清『会計学』1933年。
　　黒澤清『近代会計学』1951年。
　　要するに，これらは研究書だろう，ということである。
[80] 黒澤清『会計』1976年，「目次」1〜6頁。

> **黒澤清『近代会計学入門』1984 年**
>
> 　　第 1 部　財務会計総説
> 　第 1 章　測定および伝達の体系　　　第 2 章　会計公準と企業会計の一般原則
> 　　第 2 部　貸借対照表原則の解明
> 　第 1 章　貸借対照表とは何か　　第 2 章　貸借対照表のしくみ
> 　第 3 章　貸借対照表の一般原則　　第 4 章　流動資産の会計問題
> 　第 5 章　固定資産の会計問題　　第 6 章　繰延資産の会計問題
> 　第 7 章　負債および資本の会計問題　　第 8 章　株主持分の会計問題
> 　　第 3 部　損益計算書原則の解明
> 　第 1 章　損益計算書とは何か　　第 2 章　損益計算書のしくみ
> 　第 3 章　損益計算の一般原則　　第 4 章　発生主義の原則
> 　第 5 章　実現主義の原則　　第 6 章　費用収益対応の原則 [81]

「財務会計を中心問題とする近代会計学の入門書」[82] とされる『近代会計学入門』は前出の［会計学 ＝ 財務会計論］という捉え方，いや，より正確には［会計学 ≒ 財務会計論］という捉え方について次のように言い訳している。

> 「会計学は，財務会計の領域だけを研究対象とするものではなく……したがってこの意味では，会計学すなわち財務会計の学ではないと言うべきであるが，それにもかかわらず，会計学と題する文献は，ほとんどすべて財務会計論または財務

81　黒澤清『近代会計学入門』1984 年,「目次」1〜7 頁。
82　同上,「序」1 頁。

諸表論を主要な内容としている。……それはなぜであろうか。すくなくとも二つの理由が考えられる。第1は会計学の歴史的由来に基づくものであり，第2は，企業のアカウンタビリティーとして，「財務情報の測定と伝達」の機能が，最も重要な社会的意義をもっているからである」[83]。

「第1に，歴史的にみると，会計学は……当初は，貸借対照表問題を解決するために19世紀末あるいは20世紀初頭に現われてきた学問で……ここにいう貸借対照表問題とは，貸借対照表に記載すべき財産の評価問題にほかならなかった。当時は，貸借対照表重点主義ともいうべき時代で……会計学と貸借対照表論とは同視されていた……。貸借対照表論は，やがて，財務諸表の全体系を包含する財務諸表論に発展したのである」[84]。

「第2に……企業の「会計責任」は，財務会計制度の中心目標であると考えられ，財務会計は，会計責任会計（Accountability Accounting）の別名であるとみることができ……「アカウンタビリティー」を中心目的とする会計学は，財務会計であると同時に，これを主要内容とする会計学の全体系の中心的地位を占めることとなる」[85]。

「企業会計原則は，過去数十年にわたって発展してきた会計学的研究業績の累積的産物であって，これを無視しては今日のわが

---

[83] 同上，3頁。
[84] 同上，3〜4頁。
[85] 同上，4頁（（ ）書きは原文）。

国の会計学について語ることはできない」[86]とする企業会計原則の「生みの親」黒澤のこの書は「企業会計原則に準拠して……貸借対照表および損益計算書に関する理論と実際について解説した」[87]。

『財務会計論』　さて、先述のように、意外と歴史の浅い『財務会計論』は、けだし、植野著をもって嚆矢とし、この書は財務会計について「それが会計の最も根源的な、包括的な領域であることはいまさら説明する必要もなかろう」としていたが、それはさて措き、以下のように会計学と経済学の関係を説いている。

「経済学では、まず一国内における各経済単位の活動と国家の経済的施策のうえに成立する綜合現象としての経済価値、貨幣金融、生産、流通、所得分配、雇用、景気変動ひいて経済発展、経済構造変化等々が問題とされるのであり、その分析に、最近では会計的思考が利用されることも次第に多くなってきた。他方また会計はもともと綜合経済内における生産担当者たる企業の活動の価値量的計算把握であるが、生産技術的要求、金融的要求に基づく企業規模の拡大化、集中化に伴う企業活動自体の非情な複雑化、その対社会的、経済的重要性の飛躍的増大に併行して、経済学一般に関する知識がますます会計学の重大な基盤となってきた。綜合経済と企業

86　同上、「序」1頁。
87　同上、「序」1頁。

の結付き,さらに綜合経済構造に対する見解如何が,直接に会計の理論的研究に多大の影響を及ぼしていることは殊に注目すべきことがらである。経済学的思考と会計本来の思考との関連,特に前者の後者に対する影響,さらにその相違といったものをより深く研究する必要を痛感させられる」[88]。

本章のテーマと合っていたため,長々と引いてしまったが,しかし,これは無内容だった。「会計的思考」とは,「経済学的思考」とは,「会計本来の思考」とは何だろうか。

植野郁太『財務会計論』1960 年

第 1 章 序論　　　　　　　　第 2 章 損益会計
第 3 章 資産会計　　　　　　第 4 章 資本会計
第 5 章 財務諸表 [89]

ところで,植野著は「第 1 章　序論」の「第 1 節　経営計算の発展と会計学」において歴史をもって次のように区分し,サーベイしている[90]。

① 複式簿記の完成から年度決算の採用,財務諸表の独立へ（～1860 年前後）
② 会計の質的飛躍の時期（1860 年前後～1920 年前後）

---

[88] 植野『財務会計論』17 頁。
[89] 同上,「目次」1～5 頁。
[90] 同上,1～9 頁。

③　管理会計の時期（1920年前後～）

　①にはまずは「複式簿記の完成」[91]があり，利益計算において「口別計算から定期的ないわゆる期間的，綜合計算」[92]への移行があり，「元帳からの財務諸表の独立」[93]をみるに至る。

　②は「事後計算としての会計及び原価計算が一応完全な姿を示した時期」[94]とされ，会計学については「何と云ってもこの時代を飾るものは，第1次世界大戦後の経済的崩壊を母胎として生れたシュマーレンバッハの動態論と，シュミットの有機観論である。ここに会計学は簿記理論から完全に脱皮したというも過言ではない」[95]。

　③については「この時期の最大の特徴は，企業の計算が単に期間利益の決定，財務状態の捕捉，更に原価のより正確な把握に満足せず，より積極的に，企業の管理手段として利用されるようになったことにある」[96]とされる。

　しかし，「財務会計と管理会計はいずれが先にあったのか」[97]。確かに通説は，財務会計が先，だろうし，例えばH. T. ジョンソン（H. Thomas Johnson）とR. S. キャプラン（Robert S. Kaplan）の管理会計史 *Relevance Lost: The Rise and Fall of Management*

---

91 同上，2頁。
92 同上，3頁。
93 同上，4頁。
94 同上，6頁。
95 同上，8頁。
96 同上，8頁。
97 友岡『会計と会計学のレーゾン・デートル』197頁。

Accounting(1987 年)も次のように述べている。

> 「会計報告書は何千年も前から作成されてきている。また,500 年ほど前には,ヴェニスの修道士パチョーリ師が,うまく機能している複式簿記システムの基本について記述している。……しかし,管理会計情報への要求が生じたのはもっと最近の現象である。……19 世紀前半に設立された紡織工場,中頃に形成された鉄道業,および後半に創立された鉄鋼業……のような企業の出現により,会計情報への新たなる必要性が生み出されることになった」[98]。

ただし,*Relevance Lost* は「実質的に 1925 年までに,今日利用されている全ての管理会計実務は開発されてしまった。……しかし,革新の速度はこの時点で止まってしまったように思われる」[99] と続く。

「財務会計と管理会計はいずれが先にあったのか」はのちの別書に譲るが,既述[100] でもある。

爾後の代表的なテキスト

爾後,およそ半世紀間における代表的なテキストは下掲の飯野利夫著,伊藤邦雄著,桜井久勝著,広瀬義州著だろう。何をもって「代表

---

[98] H. T. ジョンソン,R. S. キャプラン/鳥居宏史(訳)『レレバンス・ロスト――管理会計の盛衰』1992 年,5~6 頁。

[99] 同上,10 頁。

[100] 友岡賛『会計学原理』2012 年,30~31,90~91 頁。
友岡『会計と会計学のレーゾン・デートル』197~201 頁。

的」とするかはさて措く[101]が,例えば桜井著は 2016 年(平成 28 年)刊の第 17 版から「日本一読まれている財務会計のテキスト」[102]と謳われている。なお,伊藤著以外は『財務会計』であって,伊藤著は「会計情報を主として誰のために作成し報告するかによる分類……基準に従って企業会計を 2 つの領域,すなわち財務会計と管理会計に分けるのが最もポピュラーである」[103][104]として,しかし,「本書では財務会計を主たる対象とし」[105]ているが,ただし,その理由への言及はない。

飯野利夫『財務会計論』1977 年

第 1 章 序論	第 2 章 財務諸表と会計原則
第 3 章 資産およびその評価方法	第 4 章 当座資産
第 5 章 棚卸資産	第 6 章 固定資産
第 7 章 減価償却	第 8 章 繰延資産

---

[101] 下記のものも看過しがたい(友岡『会計と会計学のレーゾン・デートル』190 頁)が,些か性格を異にするため,割愛する。
　山桝忠恕,嶌村剛雄『体系財務諸表論　理論篇』税務経理協会,1973 年。
　山桝忠恕,嶌村剛雄『体系財務諸表論　基準篇』税務経理協会,1973 年。
[102] 桜井久勝『財務会計講義(第 17 版)』2016 年,帯。
[103] 伊藤邦雄『ゼミナール現代会計入門』1994 年,40 頁。
[104] 「会計情報を主として誰のために作成し報告するかによる分類……基準に従って企業会計を 2 つの領域(財務会計と管理会計)に分けるのが最もポピュラーな分類方法である」(伊藤邦雄『新・現代会計入門』2014 年,41 頁((　)書きは原文))。
[105] 伊藤『ゼミナール現代会計入門』43 頁。
　伊藤『新・現代会計入門』45 頁。

第9章　負債	第10章　資本金および資本剰余金
第11章　損益の計算	第12章　利益剰余金
第13章　損益計算書	第14章　貸借対照表
第15章　連結財務諸表 [106]	

伊藤邦雄『ゼミナール現代会計入門』1994年

序章　現代の企業会計	第2章　企業会計の本質とフレームワーク
第3章　会計制度の論理と体系	第4章　企業のディスクロージャー
第5章　損益計算書のパラダイム	第6章　経営パフォーマンスの測定と表示
第7章　貸借対照表のパラダイム	第8章　資産の会計
第9章　持分の会計	第10章　企業連結の会計
第11章　グローバリゼーションの会計	第12章　リストラクチャリングの会計
第13章　オフバランス取引の会計	終章　戦略的企業評価に向けて [107]

伊藤邦雄『新・現代会計入門』2014年

序章　現代の企業会計	第2章　企業会計の本質とフレームワーク
第3章　会計制度の論理と体系	第4章　企業のディスクロージャー
第5章　損益計算書のパラダイム	第6章　経営パフォーマンスの測定と表示

---

[106]　飯野利夫『財務会計論』1977年，(5)〜(12)頁。
[107]　伊藤『ゼミナール現代会計入門』xii〜xviii頁。

第1章 「会計学」の来し方　39

第7章　貸借対照表のパラダイム
第8章　資産の会計
第9章　持分の会計
第10章　金融商品の会計
第11章　従業員給付の会計
第12章　連結グループの会計
第13章　企業結合・事業分離等の会計
第14章　グローバリゼーションの会計
終章　戦略的企業評価に向けて [108]

桜井久勝『財務会計講義』1994年

第1章　財務会計の機能と制度
第2章　利益計算の仕組み
第3章　会計理論と会計原則
第4章　利益計算と資産評価の基礎原則
第5章　現金預金と有価証券
第6章　売上高と売上債権
第7章　棚卸資産と売上原価
第8章　固定資産と減価償却
第9章　繰延資産
第10章　負債
第11章　資本
第12章　財務諸表の作成と公開
第13章　中間財務諸表
第14章　連結財務諸表
第15章　外貨建取引等の換算 [109]

広瀬義州『財務会計』1998年

第1章　財務会計の意義
第2章　財務会計の基本的前提と概念フレームワーク
第3章　財務会計の処理プロセスとそのメカニズム
第4章　財務会計のフレームワーク

---

108 伊藤『新・現代会計入門』，「目次」頁付けなし。
109 桜井久勝『財務会計講義』1994年，「目次」1～10頁。

> 第5章　財務会計の基礎理論　　第6章　会計基準と企業会計原則
> 第7章　財務状況の計算と貸借対照表　　第8章　資産の意義と評価
> 第9章　現金・預金の会計と報告　　第10章　金銭債権の会計と報告
> 第11章　有価証券の会計と報告　　第12章　棚卸資産の会計と報告
> 第13章　固定資産の会計と報告　　第14章　繰延資産の会計と報告
> 第15章　負債の会計と報告　　第16章　資本の会計と報告
> 第17章　経営成績の計算と損益計算書　　第18章　損益の会計と報告
> 第19章　リース取引の会計と報告　　第20章　外貨換算の会計と報告
> 第21章　企業集団の会計と報告　　第22章　財務報告 [110]

「本書は……財務会計について，企業会計原則を中心とし……解説したものである」[111]と初版の序にいわれる桜井著は2005年（平成17年）刊の第6版までは「第3章　会計理論と会計原則」だった[112]ものが，しかし，2006年（平成18年）刊の第7版において「第3章　会計理論と会計基準」となり[113]，少なくとも章題においては「会計原則」が消えているが，他方，広瀬著は最近の2015年（平成27年）刊の第13版にあっても依然として「企業

110　広瀬義州『財務会計』1998年,「目次」1〜19頁。
111　桜井『財務会計講義』,「序」1頁。
112　桜井久勝『財務会計講義（第6版）』2005年,「目次」2頁。
113　桜井久勝『財務会計講義（第7版）』2006年,「目次」2頁。

会計原則」を章題にみることができる[114]。

種々のvs.　「「会計学」の来し方」だろうと,「会計学の考え方」だろうと,本章のテーマにおけるキーワードの代表は,けだし,「動態論」だろう。

もっとも静態論があって動態論がある[115]。名称は「動態論」があって「静態論」があるが,論は静態論があってこそ,そのアンチテーゼとしての動態論がある。

しかし,動態論があって収益費用アプローチがあり,収益費用アプローチがあって［資産負債アプローチvs.収益費用アプローチ］の議論があり,また,［財産法vs.損益法］や［資産負債観vs.収益費用観］や［ストックvs.フロー］や［貸借対照表vs.損益計算書］等,似たような種々のvs.の議論がある。例えば［資産負債アプローチvs.収益費用アプローチ］と［資産負債観 vs. 収益費用観］を別物と解する向き[116]すらある一方,ざっくりいってしまえば,これらの種々のvs.は畢竟,同意ではないだろうか。

他方また,［資産負債アプローチvs.収益費用アプローチ］といったvs.はこれが果たして妥当なvs.なのか,ということにも疑念がないでもないが,しかし,こうしたvs.の存在こそが会計をして会計たらしめているような気もするし,その一因は複式簿記

---

114 広瀬義州『財務会計（第13版）』2015年,「目次」4頁。

115 友岡『会計と会計学のレーゾン・デートル』30〜31頁。

116 北村敬子「資産負債観と財産法」北村敬子,新田忠誓,柴健次（責任編集）『体系現代会計学［第2巻］　企業会計の計算構造』2012年,21頁。

に求められようか。

　貸借複記が複式簿記なのか，複式決算が複式簿記なのか，「複式簿記」の概念規定の如何によるだろうし，「複式決算は複式簿記の要ではなさそうである」[117]ともされようが，やはり複式決算には意味があり，[財産法 vs. 損益法]には意味があり，畢竟，これと同意の種々の vs. も有意だろう。

　ただし，たとえ vs. が妥当だったとしても，こうした vs. は資産負債アプローチを採るべきか，収益費用アプローチを採るべきか，という選択を意味しているのだろうか。会計はこれすなわち収益費用アプローチであり，会計はこれすなわち動態論であるような気がしてならない[118]。

　たとえ昔は静態論だったとしても，そこには動態論が存在ないし潜在しており，「静態論があってこそ，そのアンチテーゼとしての動態論がある」と前述はしたものの，動態論のアンチテーゼとして静態論があったからこそ，シュマーレンバッハは動態論を発見したのではないだろうか，とも思う。

　ほかにも気になる vs. がある。[現金主義 vs. 発生主義]，そして[経済学的な考え方 vs. 会計学的な考え方]である。

　[現金主義 vs. 発生主義]も[資産負債アプローチ vs. 収益費用アプローチ]の類いと重ねたいが，これは違いそうである。発生主義は収益費用アプローチと重ねられようが，現金主義はそうは

---

[117] 友岡『日本会計史』34 頁。
[118] こうした「気がしてならない」ことについては木村太一氏（慶應義塾大学大学院後期博士課程）との議論に負うところが大きい。

第 1 章 「会計学」の来し方　43

ゆかない。

　［経済学的な考え方 vs. 会計学的な考え方］はどうだろうか。

　本章に最初に引かれた I 教授の以下の記述にいう経済学における「現金」とは何だろうか。

> 「経済学以外の専門家のなかには，経済学と会計学は同じような分野だと考える方もたくさんいらっしゃると思いますが，実はこの二つは，違った学問分野です。……経済学と会計学，それからマネージメントというのは，近くて遠い分野で……簿記や会計の大原則である発生主義という考え方を経済学分野の人間は理解しません。経済学分野には現金の移動だけが経済現象のすべてであるという暗黙の了解があるからです。経済学者にとって，現金の移動がないケースは，経済現象の変化がなかったと了解されることになります」[119]。

---

[119]　池田「平成 28 年度学位記授与式式辞（通信教育課程）」20～21 頁。

経済学と会計学

主として経済学との対比において,あるいは経済学との関係に鑑みつつ,会計ないし会計学の特徴について思量する。

経済学と会計学　*47*
会計の異質性　*49*
利益の計算　*52*
経営と会計　*55*
「会計的な考え方」,機会費用,
　管理会計　*57*
利益の計算(続)　*61*
経済学に学ぶ?　*66*
時価と有用性　*69*

経済学と会計学　　前章は［経済学の考え方vs.会計学の考え方］を取り上げながらも，実質的にはこれを論ずることなく終わった。ただし，終わってしまった，というわけではなく，これはじっくりと論じられる。

さて，経済学者の福岡正夫は「経済学とは何か」と題する章において次のように述べている。

> 「経済学がマーケティングや会計学などとは違って，直接に事業の売上げや世帯の財産を増やす手段たることを目指す学問ではないことにも注意しておく必要がある。……もちろん経済学上の諸知識はこれらの目的にも役に立つが，それは経済学にとって主要な目的ではない。経済学は本来「社会」科学なのであって，それが基本的に意図するところはあくまで社会全体の規模での経済問題の解明と改善である」[1]。

前章には「経済学をやっている人の多くは会計学なんかには関心がないだろうし，したがって，経済学と会計学の異同を考えたりすることもないだろう」と述べたが，強ちそうでもないのかもしれない。

また，ここでは会計学とともにマーケティングが挙げられているが，けだし，経営学も同様だろう。ちなみに，筆者には経営学とマーケティング（論）の異同，あるいはこの二つが別箇の分野として存することの意味がよく分からない。例えば或る経営学者

1　福岡正夫『ゼミナール経済学入門（第4版）』2008年，3頁。

によれば,「組織の運営はどんな原理や原則にもとづいて行われているのか。どんな原理で運営されたときに，組織が効率的なものとなり，社会的に有益なものになりやすいのか。そういったことを研究するのが，経営学である」[2]とされ，また，或るマーケティング研究者によれば，「企業が，顧客との関係の創造と維持を，さまざまな企業活動を通じて実現していくこと」[3]を対象とする学問がマーケティング論とされる。

　前章には「例えば英文学とかをやっている人からみた場合には経済学も会計学も大同小異だろう」と述べたが，経済学をやっている人からみた場合には経営学もマーケティング論も会計学も「直接に事業の売上げや世帯の財産を増やす手段たることを目指す学問」であって大同小異だろう。

　ただし，経営学もマーケティング論も会計学も，経済学と同様，「「社会」科学」のはずだが，そうとは認められていないのか。福岡の「経済学は本来「社会」科学なのであって」という件（くだり）における「「社会」科学」の「社会」の「」（カッコ）にどのような含意があるのかは判然としないが，むろん，社会科学は社会現象をもって対象とする科学であって，むろん，経営という行為もマーケティングという行為も会計という行為も社会現象であって，むろん，経営学もマーケティング論も会計学も社会科学である。あるいは

---

[2] 伊丹敬之，加護野忠男『ゼミナール経営学入門（第3版）』2003年, iv頁。

[3] 石井淳蔵，栗木契，嶋口充輝，余田拓郎『ゼミナール マーケティング入門（第2版）』2013年, 32頁。

また,「「社会」科学」の「社会」には, 社会的な観点, といった意味があるのかもしれないが, 前出の経営学者によれば, 経営学は「社会的に有益なもの」も考えるらしい。

　「経営学というと, すぐに「金儲け」に役に立つ知識を教える学問というイメージを連想する人があるかもしれない。それは, 間違いである」[4]と前出の経営学者はいうが, 他方, 福岡によれば,「直接に事業の売上げや世帯の財産を増やす手段たることを目指す学問」であって, 畢竟, カネ儲けのための学問である。カ・ネ・儲けだけのための学問かどうかはさて措き, 経営学もマーケティング論も会計学もカネ儲けのための学問である。

会計の異質性　ただしまた, 会計ないし会計学は異質である。「会計は, 単・な・る・カネ勘定であってカネ儲け（経営）ではない」[5]。「単なるカネ勘定」という言い様は「行為的な力をもたない」とも換言することができようか。「会計というものは, 経済あるいは企業のなかで起きている事柄を金額として記述するものであり, な・ん・ら・行・為・的・な・力・を・も・た・な・い・」[6]ともされる。

　もっとも会計という「カネ勘定」は多くの場合に「カネ儲け」のためになされる。財務会計はカネ儲けのための資金調達のためになされ, 管理会計はカネ儲け（経営）のためになされる。管理

4　伊丹, 加護野『ゼミナール経営学入門（第3版）』iv頁。
5　友岡賛『なぜ「会計」本が売れているのか？――「会計」本の正しい読み方』2007年, 50頁（（　）書きは原文）。
6　田崎智宏「『アカウンタビリティから経営倫理へ――経済を超えるために』（書評）」『書斎の窓』第657号, 2018年, 38頁。

会計はカネ儲けと直接的な関係にあり,財務会計はカネ儲けと間接的な関係にある,ともいえようが,この異同はひとまずさて措き,如上の意味においては会計もカネ儲けという行為の一部ともいえようし,会計学もカネ儲けのための学問といえようが,筆者は会計ないし会計学の異質性にこそ拘りたい。

ここにいう異質性とは,むろん,経営ないし経営学やマーケティングないしマーケティング論との異質性であって,会計はカネ勘定であってカネ儲けではなく,会計学はカネ勘定のための学問であってカネ儲けのための学問ではない。叙上のように,会計はこれもカネ儲けという行為の一部ともいえようが,筆者とすれば,カネ勘定という行為をカネ儲けという行為の手段として捉えるに止めたい。

ただしまた,上述の(ひとまずさて措いた),管理会計はカネ儲けと直接的な関係にあり,財務会計はカネ儲けと間接的な関係にある,という異同を重くみると,カネ勘定とカネ儲けの境界線は,会計と経営の間にではなく,財務会計と管理会計の間に引かれ,財務会計はカネ勘定だが管理会計はカネ儲け,ということにもなろう。

ただしまた,上に引かれた「会計というものは……なんら行為的な力をもたない」は実は「果たしてそうだろうか」[7]と続き,また,次のように述べられる。

---

7 同上,38頁。

「会計を経済活動という実質に形式を与える仕組みと捉えれば，そして，形式とは実質の写像ではなく，形式こそが実質として機能する側面を注視すれば，会計が経済に与える影響は決して小さくない。それどころか，むしろ会計は経済活動の最も基本的な規定要因として理解されるべきなのである。経済は現象としては経済学のように抽象的に思考できるが，現実の社会は，「価値」ではなく「価格」，「利潤」ではなく「利益」で動いている。「価格」も「利益」も会計計算なくして現実化することはできない」[8]。

筆者もかつて次のように述べている。

「会計は写像行為，すなわち，企業における経済事象・経済状態を写し取って描き出す行為，であって，人々は写体を通じて本体を知る，すなわち，財務諸表に示された企業の状態を通じて企業の実態を知る，という筋合いにあるはずだが，しかし，どうやら，会計は写像として意味をもつのではなく，財務諸表に示された企業の状態は写体として意味をもつのではないのかもしれない」[9]。
「財務諸表に示された企業の状態は，写体としてではなく，それ自体として人々の行動選択を左右する。……写像たる会計はその意味において事後的なもののはずだが，しかし，実

---

8 國部克彦『アカウンタビリティから経営倫理へ──経済を超えるために』2017 年，5 頁。
9 友岡賛『会計学原理』2012 年，99 頁（圏点は原文）。

際には,そうでもないのかもしれない。……まずは経済事象があってそれを写像する,という意味において会計は事後的なもののはずだが,しかし,実際には,会計(写像)が事象に影響を及ぼし,行動選択を左右する」[10] [11]。

利益の計算 「利益の計算は会計の専売特許」[12] ともされる。
ただし,「経済学的な利益」という言い様もある。経済学においては「利益」ではなく「所得」と呼ぶ,といった話や「利益」と「利潤」はどう違うのか,とかいった話はさて措く。

「経済学的な」については決まってJ. R. ヒックス(J. R. Hicks)が引き合いに出される。「かつて会計研究の中心的地位を占めていた会計測定論において,経済学的観点から見た所得概念として決まって取り上げられたのが,ヒックスの『価値と資本』第14章におけるそれであった」[13]。

ヒックスいわく,「ある人の所得とは……彼が1週間のうちに消費し得て,しかもなお週末における彼の経済状態が週初におけると同一であることを期待しうるような最大額,これである」[14]。

概してこの「Hicksの所得は富の変動分ととらえられ」[15],会

---

10 同上,99頁(圏点および( )書きは原文)。
11 この辺りの議論については下記のものをも参照。
友岡賛『会計学の基本問題』2016年,第3章。
12 田中弘『新財務諸表論』2005年,25頁。
13 福井義高「ヒックス『価値と資本』の所得概念に関するノート」ワーキング・ペーパー,青山ビジネススクール,2010年,1頁。
14 J. R. ヒックス/安井琢磨,熊谷尚夫(訳)『価値と資本 I』1951年,249頁。
15 勝尾裕子「包括利益の「理論的根拠」としての経済的所得」辻山栄子(編著)『財務会計の理論と制度』2018年,82頁。

計的な言い様をすれば,「週」は「期間」・「会計期間」であるため,「期間における財産の増分」ないし「期首の財産と期末の財産の差額」ということになる。そうしたヒックスの「所得」概念については会計学業界における「誤用」[16]・「誤った知見」[17]の指摘もあり,「ある期間における富の増加をもって利益とする考え方を,「経済学的利益」概念であるとしている……一部の会計学者は, ヒックスの所説をつまみ食いして, 自分に都合のいいところだけを利用しているのである」[18]ともいわれるが, それはひとまずさて措く[19]。

気になるのはヒックスの「週」, すなわち「期間」という概念である[20]。ヒックスの「週」といえば, 彼はレオン・「ワルラス (Léon Walras) の一般均衡モデルについて……「週」という考え方を導入して……説明し……ヒックスの「週」は……経済循環のプロセスがすべて終わってしまう経済的期間である」[21]が, それはさて措く。

「利益の計算は会計の専売特許」ともされ, この「利益」は期間の利益である。経済学にも「期間」はあるのか。叙上のように,

---

16 同上, 81頁。
17 同上, 92頁。
18 田中『新財務諸表論』592頁。
19 ヒックスの所得概念の解釈および会計学業界的解釈については下記のものを参照。
　福井「ヒックス『価値と資本』の所得概念に関するノート」。
　勝尾「包括利益の「理論的根拠」としての経済的所得」。
20 期間が「気になる」ことについては木村太一氏(慶應義塾大学大学院後期博士課程)との議論に負うところが大きい。
21 宇沢弘文『経済学の考え方』1989年, 72頁。

事実,ヒックスにはある,とされようが,これは経済学か。

ヒックスは経済学者だから,彼のいうことはすべて経済学か。「かつて,ジョン・ヒックスは経済学を定義しようとして何度か試みて,結局成功せず,経済学とは経済学者がやっていることだという定義に到達したという」[22]。

閑話休題。次の論法には無理があるか。「期間」計算は発生主義であって,経済学には発生主義はなく[23],したがって,経済学には「期間」はない。

また,「経済学的な利益」という言い様ないし概念は,経済学の領域において,これが利益だ,といわれているものを意味するものではなく,会計学の領域において,会計における「利益」概念を前提とし,その上でもって「会計学的な利益」とvs.の関係にあるものとして用いられているものではないだろうか。

なおまた,「経済学的な利益」といった言い様における「的な」については,そう「いう表現には「……のような」あるいはより端的にいえば「……もどきの」……といったニュアンスも含まれうると考え……そうした「曖昧」あるいはときとして「便宜的」な表現自体が論理的・概念論的な正確性・厳密性を損なう虞をもつ」[24]と批判する向きもあるが,けだし,「曖昧」さには

---

[22] 同上,264頁。

[23] 第1章。

[24] 足立浩『現代管理会計論再考——会計と管理,会計と非会計を考える』2018年,215頁。

「曖昧」さのよさもある。

　会計における利益の計算には二通りの，いや，「利益の計算は会計の専売特許」なら「会計における」は要らないかもしれない。
　さて，利益の計算には二通りの方法がある。財産法と損益法である。前章においては「種々のvs.」が挙げられたが，その一つが［財産法vs.損益法］だった。［期末の財産 − 期首の財産 ＝ 期間の利益］か，はたまた［期間の収益 − 期間の費用 ＝ 期間の利益］か。「収益」・「費用」は「収入」・「支出」と違えて用いる場合には自ずと「期間の」を含意し，したがって，単に［収益 − 費用 ＝ 期間の利益］でもよいかもしれない。なお，以下，「利益」は「期間の利益」を意味するとして「期間の」はこれを省略する。

経営と会計　　ところで，前出の「会計は，単なるカネ勘定であってカネ儲けではない」はこの［収益 − 費用 ＝ 利益］という計算方法をもって説明するのが便宜である。

　2005年頃以降，「会計本ブーム」と称された現象が出版業界にみられた[25]が，このブームを代表し，牽引したベスト・セラー『さおだけ屋はなぜ潰れないのか？』を取り上げてみるに，この書は「「利益を出すためにはどうしたらよいのか？」という商売の本質……は……会計的な考え方の土台となる基礎知識であ

---

[25] 友岡『なぜ「会計」本が売れているのか？』第1章。

る」[26] として,「利益を出すためには売り上げ（収益）を増やす……費用を減らす……のふたつの方法しかない」[27] としており, すなわち計算式をもって示せば, 下記のように,「利益↑」をもたらすのは「収益↑」ないし「費用↓」ということになり, こうした理解を踏まえて『さおだけ屋はなぜ潰れないのか？』は「費用↓」の方法, すなわち費用の減らし方（節約の仕方）を説いている[28]。

　　収益↑ － 費用↓ ＝ 利益↑

しかしながら, ここに留意すべきは, [収益 － 費用 ＝ 利益] という関係, すなわち [収益↑ － 費用↓ ＝ 利益↑] という関係, すなわち「利益↑」の方法として「収益↑」と「費用↓」があるということは会計の問題だが,「収益↑」の方法や「費用↓」の方法は会計の問題ではない, ということである。収益の増やし方や費用の減らし方は会計（カネ勘定）の問題ではなく経営（カネ儲け）の問題であって, ちなみに, そうした意味においては『さおだけ屋はなぜ潰れないのか？』は「会計本」ではない, ということにもなるが, その詳細は別の書[29] に譲る。

---

[26] 山田真哉『さおだけ屋はなぜ潰れないのか？――身近な疑問からはじめる会計学』2005 年, 35 頁。
[27] 同上, 35〜36 頁。
[28] 友岡『なぜ「会計」本が売れているのか？』47〜53 頁。
[29] 同上, 47〜53 頁。

「会計的な考え方」,機会費用,管理会計

また,この『さおだけ屋はなぜ潰れないのか?』には「会計的な考え方」といった類いの言い様が繁く用いられており,本章の問題意識からすれば,大いに留意されるものの,その意味は定かでないが,ただし,次のような記述をみることができる。

> 「《会計の本質的な考え方》とは,目に見えないものを具体的な数字にして見えるようにする(「利益」「機会損失」など),つなげたり違った角度から見たりして物事をシンプルにわかりやすくする(「連結」「回転率」など)——といった考え方のことです」[30]

ここでは「機会損失」に留意される。「機会損失」には(ニュアンスは異にするものの)「機会費用(ないし機会原価)」という同様の概念があるが,「機会費用」ないし「機会損失」という概念を用いないところに会計ないし会計学の特徴がある,ともされる。これを経済学の立場からみた場合,ときに経済学者は,会計学は機会費用を考えないが,経済学はこれを考え,この点に経済学の優位性の一因が認められる,といったような説き方をする。

> 「経済学では,会計上の費用ではなく,機会費用を費用と考える」[31]。

---

[30] 山田『さおだけ屋はなぜ潰れないのか?』207頁(( )書きは原文)。
[31] 奥野正寛(編著)『ミクロ経済学』2008年,101頁。

「経済学で利潤(profit)を定義するときにはすべての投入物と産出物を機会費用で評価しなければならない。会計士によって規定される利潤は必ずしも正確な経済学的意味における利潤ではない(Profits as determined by accountants do not necessarily accurately measure economic profits)。会計士が費用計算を行う場合,費用を歴史的費用(historical costs)として把握するが,経済学における費用は,投入物をいま購入したとすればいくらかかるか(economic costs — what a factor would cost if purchased now)で評価される」[32]。

「たとえば,会計士がわずか3%の利益(profit)しか得られないと報告している事業があり,また経済学者がその事業資金を銀行に預金すれば最低でも5%の収益が得られる(would have earned)と指摘しているとしよう。経済学的には,この事業は利益ではなく損失を出している。会計的な利益は機会費用を考慮に入れない(fail to take into account opportunity costs)ため,経済学でいう真の利潤(true economic profits)を上回ることが多い」[33]。

---

[32] ハル R. ヴァリアン/佐藤隆三(監訳)『入門ミクロ経済学(原著第9版)』2015年,323頁。

Hal R. Varian, *Intermediate Microeconomics: A Modern Approach*, 9th ed., 2014, p. 364.

[33] ジョセフ E. スティグリッツ,カール E. ウォルシュ/藪下史郎,秋山太郎,蟻川靖浩,大阿久博,木立力,宮田亮,清野一治(訳)『ミクロ経済学(第4版)』2013年,210頁。

Joseph E. Stiglitz and Carl E. Walsh, *Economics*, 4th ed., 2006, p. 167.

ただし、管理会計にあっては「機会費用」が用いられる。例えばロバートS. キャプラン（Robert S. Kaplan）とアンソニー A. アトキンソン（Anthony A. Atkinson）によれば、「財務会計システムにおけるデータと比較すると客観性や検証可能性に乏しいデータでも管理会計システムには利用することができる。実際に生じなかった取引に関する機会原価という尺度は無論のこと……」[34] とされる。

　なおまた、ときに会計は情報提供行為として捉えられ[35]、会計において提供される情報は「会計情報」と称され、情報は下記のように分類され、会計情報は下記のように位置付けられるが、ただし、ときに管理会計にあっては非貨幣数値情報が提供される。キャプランとアトキンソンによれば、「財務会計情報は投資家、債権者、取引先、税務・規制当局といった企業外部の利害関係者のために作成されるのに対し、管理会計情報は、企業内部の意思決定に役立つように作成される。したがって、管理会計は、収益・費用という伝統的尺度の枠を超えて、受注残、生産量、価格、資本財の必要度などの物量的・非貨幣的な尺度に基づいた広範な業績尺度にまで視野を拡大している」[36] とされる。なお、どうし

34　ロバートS. キャプラン、アンソニー A. アトキンソン／浅田孝幸、小倉昇（監訳）『管理会計　上』1996年、1頁。
35　筆者自身は「情報」という概念をもって会計を考えることに頗る否定的な立場にあるが、しかし、本書にあってそうした立場はさて措かれる。筆者の立場については下記のものを参照。
　　友岡賛『株式会社とは何か』1998年、第2章。
36　キャプラン、アトキンソン／浅田、小倉（監訳）『管理会計　上』1頁。

て「したがって」なのかはよく分からないが、それはさて措く。

図1　情報の分類

```
         ┌─ 定性的な情報（非数量情報）
   情報 ─┤
         └─ 定量的な情報（数量情報） ┌─ 非貨幣数値情報
                                    └─ 貨幣数値情報——会計情報
```

しからば、やはり管理会計は会計ではないのか。

前章は「管理会計は会計ではない、という立場」に言及し、また、「ときに管理会計論と経営学の異同は判然とせず、管理会計論は会計学と経営学のいずれに属しているのか、と問いたくもなる」とも述べた。

閑話休題。機会費用は、ただし、財務会計論にあっても用いられることがある。例えば会計主体論における [資本主説 vs. 企業主体説] の議論にあって資本主説を否定する R. N. アンソニー（R. N. Anthony）は「貸借対照表の貸方側は、これまで株主持分と呼ばれている区分を、株主持分と主体持分と呼ばれる二つの構成要素に分けることによって……株主持分資金を利用するコスト——持分利子と呼ばれる——が明確にコストとして認識されるべきことを示唆」[37] し、「株主持分は株主によって提供された資金額を

---

[37] R. N. アンソニー／佐藤倫正（訳）『財務会計論』1989年、103頁。

報告する。それは株主が直接に拠出した額に，資金に生じた利子を加えたものである」[38] としているが，ここに「株主持分利子とは株主の払込資金を利用するコスト（機会費用）であり，それが配当として株主に支払われないかぎり，企業は株主から追加的な出資を受けているとみなされ」[39]，その場合の利益「は，機会費用を認識している点でも，通常の会計利益とは異なっている」[40]。ただし，アンソニーの念頭には「経済学と会計学の調和」[41] があり（「管理会計と財務会計の調和」[42] もあり），この「経済学と会計学の調和」は「会計学を経済学へ近づけること」[43] にほかならない。

> 「そうする正当な理由がなければ，会計は経済的事実から目を反らすべきではない。持分利子を会計上認識することは，会計学を経済学へ近づけることになる」[44]。

利益の計算（続） 閑話休題（というか，随分と寄り道をしてしまったが）。[財産法vs.損益法] だった。[期末の財産 − 期首の財産 ＝ 利益] か，はたまた [収益 − 費用 ＝ 利益] か。

---

38 同上，106 頁。
39 大雄智「企業会計における持分概念——残余請求権者をどうとらえるか」辻山栄子（編著）『財務会計の理論と制度』2018 年，118 頁（（ ）書きは原文）。
40 同上，118 頁。
41 アンソニー／佐藤（訳）『財務会計論』123 頁。
42 同上，106 頁。
43 同上，106 頁。
44 同上，106 頁。

経済学者ヒックスの「所得」概念を「誤用」すれば，財産法か。

「誤用」については「資産負債観のもとで測定される包括利益は経済学的所得の概念によって理論的に支持される，という見解……は……Hicksの所得概念を誤用したものである」[45] とされ，あるいはまた，「資産負債観……のもとでは，利益は当該期間における企業の純資産の増加額として定義され……この利益の定義は，企業の所得は当該期間における富の変動額と消費額の合計により客観的に決定されうるという，経済学において広く認識されているHicksの所得に関する理論に基づいている」[46] が，「Hicksの所得概念は資産負債観の理論的根拠となるものではなく」[47]，これを資産負債観の理論的根拠と考える向きは「Hicksの所得概念を恣意的に選択し，不適切に引用し，誤った理解に基づいて解釈している」[48] とされる。

しかし，そもそも理論的根拠とは何だろうか。「理論的根拠」の「理論的」は耳触りのよい，もっともらしい言い様ながら，一体，何をいいたいのか，よく分からない。

閑話休題。敷衍すれば，ヒックスには「所得第1号」[49] もあれば，「所得第2号」[50] もあれば，「所得第3号」[51] もあるが，如上

---

45 勝尾「包括利益の「理論的根拠」としての経済的所得」81頁。
46 同上，82頁。
47 同上，82頁。
48 同上，82頁。
49 ヒックス／安井，熊谷（訳）『価値と資本 I』251頁。
50 同上，253頁。
51 同上，253頁。

の向きはこれらから「恣意的に選択し」，また，「ある人の所得とは……彼が1週間のうちに消費し得て，しかもなお週末における彼の経済状態が週初におけると同一であることを期待しうるような最大額，これである」という件を「不適切に引用し」ているとされる。しかし，もしもヒックスの本意がよく理解されていないのであれば，その場合には「誤用」ではなく，誤読ということになろうし，また，誤用を批判する向きは「Hicksの所得は富の変動分ととらえられ，これと資産負債観のもとでの包括利益は整合的であると」[52]する向きを批判し，「包括利益とHicksの所得概念の整合性を肯定する論者」[53]をもって批判しているが，ただし，誤読の場合には問題は包括利益以前，整合性以前，会計学以前だろう。

　ところで，本当に「誤用」ないし誤読なのだろうか。

　「財産法……によって計算した利益は「経済学上の利益」であるという人たちがいる。その根拠は，イギリスの経済学者ヒックスが「所得」概念を検討したときに，2期間[54]の富の変化量をもって所得とする方法を紹介したことにある。……ところが，当のヒックスは，この所得概念を紹介した後，この概念が経済学上は使えない概念だとして捨てているのである。……今日の経済学においても，所得は，利子，給与，地代など，フローによって測定し，2期間[55]の富の変化量によって測定することはない」[56]と

52　勝尾「包括利益の「理論的根拠」としての経済的所得」82頁。
53　同上，85頁。
54　「1期間」ないし「2時点」ではないか。
55　注記54をみよ。
56　田中『新財務諸表論』592頁。

もされる。

ヒックスは「ある人の所得とは……彼が1週間のうちに消費し得て、しかもなお週末における彼の経済状態が週初におけると同一であることを期待しうるような最大額、これである」の述べたのち、所得の「中心的意味がこうでなければならないことはかなり明瞭である」[57]とし、こ「の中心的意味への一連の近似概念」[58]として所得第1号所得、第2号、所得第3号を紹介し、考察し[59]、「ある人の所得とは、彼が週のうちに消費し得て、しかもなお週末の経済状態が週初におけると同一であることを期待しうるようなものであるという基準が……いかに複雑を極めたものであるかということ、詳しく分析してみるとそれがいかに魅力のないものに見えるかということを知るにいたった」[60]。

「いかに魅力のないものに見えるかということを知るにいたった」ことはさて措き（これをさて措けるのか、といわれそうだが）、ヒックスのいう「富の変動分」としての所得は、しかし、「富の変動分」の測定方法を規定するものではない。所得は「富の変動分」として測定されようが、「富の変動分」の測定方法は規定されていない。しかし、「富の変動分」はこれを素直に読めば財産法か[61]。

---

57 ヒックス／安井、熊谷（訳）『価値と資本　Ⅰ』250頁。
58 同上、250頁。
59 同上、250〜255頁。
60 同上、255〜256頁。
61 ただしまた、以下のようにも説かれる。
　「ストックの評価から導かれる包括利益が、経済学の代表的な所得概念とされるヒックスのそれと整合的だという主張にはしばしば遭遇する。しかし、ヒックスを注意深く読めばわかるように、その理解は

「誤用」かどうか，「誤用」にはどのような問題があるか，といったことはあえてさて措き，「ある人の所得とは……彼が1週間のうちに消費し得て，しかもなお週末における彼の経済状態が週初におけると同一であることを期待しうるような最大額，これである」という件を「不適切に引用し」てみれば，すなわち「ある人の所得とは……彼が1週間のうちに消費し得て，しかもなお週末における彼の経済状態が週初におけると同一であることを期待しうるような最大額，これである」という件のみに鑑みれば，まずは財産法だろう。

しかし，[財産法vs.損益法]の問題とヒックスの「誤用」の問題の間には些かずれがあり，[財産法vs.損益法]の問題と[包括利益vs.純利益]の問題の間には些かずれがある。[期末の財産 − 期首の財産 ＝ 利益]における「財産」の額には下記のような選択肢があるからである。

① 期末の財産の取得原価 − 期首の財産の取得原価 ＝ 利益

② 期末の財産の時価 − 期首の財産の時価 ＝ 利益

③ 期末の財産の割引現価 − 期首の財産の割引現価 ＝ 利益

正しくない。彼の言う所得は資本を維持した余剰ではなく，一定の消費を保証する恒久的な標準流列である。それが資本の価値を決めるのであり，その逆ではない。利子率が一定なら資本の価値は一定に維持されようが，そうでない限りそれは変動する。ストックの価値も，だから利益（フロー）に依存する。……そうなると，フローで測った利益の情報価値を否定ないしは軽視する会計基準の動向は，経済学をむしろ誤って適用した結果でもある」（斎藤静樹「渡邉泉著『会計学の誕生──複式簿記が変えた世界（書評）』『産業経理』第78巻第1号，2018年，119頁（（　）書きは原文））。

むろん，②の時価には色々な時価があるが，それはひとまずさて措き，③の利益はこれがすなわち経済学的な利益か。この「経済学的な利益」は，経済学における利益や経済学にいう利益ではなく，会計学においていう経済学的な利益と捉えられようか[62]。

もっとも，ヒックスのいう「(週末と週初の) 彼の経済状態」をどう捉えるか，という問題があるが，経済学にあっては「現金の移動だけが経済現象のすべて」[63]というのであれば，③の割引現価だろうか。あるいはまた，財産法を [期末の企業価値 − 期首の企業価値 ＝ 利益] とすれば，「企業の将来利潤フロー (a firm's flow of future profits) ……の現在価値 (present value) は企業の現在価値を表す」[64]とされる経済学にあってはやはり割引現価だろうか。

経済学に学ぶ？ ところで，「経済学的な利益」という概念はどの程度，経済学的なのだろうか。

「誤用」だろうが，「つまみ食い」だろうが，まずはヒックスの「ある人の所得とは……」をもって財産法と解し，財産法がこれすなわち経済学的，とするに止める行き方もあるだろうし，その場合には③でなくともよいだろう。

また，「誤用」や「つまみ食い」はこれらが確信犯的になされ

---

62 もっとも「利益の計算は会計の専売特許」なら，経済学における利益や経済学にいう利益はないことになろう。

63 池田幸弘「平成28年度学位記授与式式辞 (通信教育課程)」『三色旗』第812号，2017年，21頁。

64 ヴァリアン／佐藤 (監訳)『入門ミクロ経済学 (原著第9版)』325頁。Varian, *Intermediate Microeconomics*, 9th ed., p. 366.

ているのかどうかはさて措き，どうして経済学に「理論的根拠」を求め，経済学に頼ろうとするのだろうか。

その一因は会計学（者）の経済学（者）に対するコンプレックス，「直接に事業の売上げや世帯の財産を増やす手段たることを目指す学問」のそうではない学問に対するコンプレックスに求められようが，いま一つには会計という行為が企業の経済活動・経済事象をもって対象としていることが挙げられよう。

対象は経済だから，経済を知らなければならず，そのためには経済学を学び，経済学に学ばなければならないのだろうか。

なおまた，前述のように，ときに会計は情報提供行為として捉えられが，あるいは説明行為としても捉えられ[65]，いずれにしても，ちゃんと情報提供をするためには対象を知らなければならず，ちゃんと説明するためには対象を知らなければならない。会計学の対象は会計という行為であって，すなわち会計学は会計の仕方，別言すれば，情報提供の仕方・説明の仕方を考える学問だが，会計の仕方を考えるためには会計という行為の対象を知らなければならない。

会計の対象たる経済活動・経済事象の具体例としてM&Aを挙げてみれば，M&Aの会計の場合，M&Aの会計の仕方を考えるためには対象たるM&Aを知らなければならない。あるいはデリバティブの会計の場合，デリバティブの会計の仕方を考えるためには対象たるデリバティブ，ややこしいデリバティブをもって知

---

65 「会計」の捉え方については例えば下記のものを参照。
友岡賛『会計の歴史（改訂版）』2018年，21〜26頁。

らなければならない。これが会計学の面倒なところである。

　閑話休題。対象は経済だから,経済を知らなければならず,そのためには経済学に学ばなければならないのだろうか。ちゃんと情報提供をするためには経済をちゃんと知らなければならず,ちゃんと説明するためには経済をちゃんと知らなければならず,そのためには経済学に学ばなければならないのだろうか。それとも,ちゃんと知る,にも,経済学的なちゃんと知る,と,会計学的なちゃんと知る,があるのだろうか。会計には会計のちゃんとがあるのだろうか。

　「会計のことは,会計に聞くほかない」[66]とも「会計のことは会計に聞け」[67]ともいわれるが,会計学に訊くべきこともあれば,経済学に訊くべきこともあるのだろうか。

　ちゃんと知る,ということは,真実を知る,ということなのだろうか。ちゃんと知ってちゃんと情報提供をする,ということは,真実を知って真実の情報を提供する,ということなのだろうか。

　経済をちゃんと知るため,経済の真実を知るために経済学に頼るのだろうか。経済学は経済の真実を求めているようにもみえようが,会計ないし会計学が求めているのは果たして真実か。

　「「会計学の経済学化」が進んでしまっている。……経済とは本質的に異なる実践である会計が,経済学に塗りつぶされてしまう

---

[66] 山桝忠恕「会計学の対象と方法——会計学の基礎」『税経セミナー』第30巻第1号,1985年,18頁。
[67] 笠井昭次『会計の論理』2000年,「初めに」5頁。

ことは,人類にとって不幸である」[68] ともされる[69]。

時価と有用性 ところで,「20世紀の会計は,取得原価と時価の交錯する中で展開されてきた」[70] ともいわれるが,そうした会計ないし会計学の歴史的移行を［真実性 vs. 有用性］ないし［真実性 → 有用性］という視点をもって説く向きがあり,これは次のように要約される。

　かつてドイツにおいては発生主義にもとづく利益計算が［財産法による静態論 vs. 損益法による動態論］の視点をもって説かれていたが,こうしたドイツ的な説き方は現在,ほとんどみることができない。

　静態論にあって貸借対照表は［積極的財産 − 消極的財産 ＝ 正味財産］の正味財産を示す財産目録として捉えられ,積極的財産は売却時価をもって評価されていたが,固定資産の会計処理方法として取得原価にもとづく減価償却が確立をみ,貸借対照表は未償却(未費用化)額の一覧表となった。

　しかし,インフレーション期にアメリカにおいて［時価 vs. 取得原価］の議論が巻き起こり,いずれが真実かが問題とされ,会計学にあっては時価を支持する向きが有力となっ

---

[68] 國部『アカウンタビリティから経営倫理へ』iii頁。
[69] ただし,この件は「会計が持つ根源的な役割を回復させるために,経済学に対抗する理論的基礎を哲学に求めて会計学を再構築」(同上, iii頁)と続く。今度は哲学に頼るのか。
[70] 興津裕康「取得原価と時価」岸悦三(編著)『近代会計の思潮』2002年, 127頁。

たものの,実務は取得原価を墨守し続けた。

しかし,1966年に公表されたアメリカ会計学会(American Accounting Association)の『基礎的会計理論に関するステートメント』(*A Statement of Basic Accounting Theory*)(*ASOBAT*)によって,意思決定における有用性,こそが会計情報の最重要の属性とされ,その結果,[時価 vs. 取得原価]の議論において[いずれが真実か → いずれが有用か]の移行がもたらされた[71]。

そして,「時価と有用性」と題するこの論説は「いずれが「真実」かの問いには答えは1つしかありませんが,いずれが「有用」かの問いの答えは複数でもかまいません。1970年代の先進国の2桁インフレの折,英米で原価とともに補足情報として,一部の企業に時価情報の公表が要請されました」[72]と続く。

はてさて,(名探偵コナンじゃあるまいし)真実は一つなのだろうか,とも思うが,それはさて措き,有用は複数,ということは,○○にとっての有用性,ということだろうか。会計学における[時価 vs. 取得原価]の議論はまた,例えば現在原価や売却時価などといった種々の時価[73]をめぐる議論でもあったが,例えば,

---

71 久保田秀樹『財務会計教科書』2018年,44〜45頁。
72 同上,45頁。
73 種々の時価については下記のものを参照。
　友岡賛『会計と会計学のレーゾン・デートル』2018年,図表2-1,2-3,2-4。

投資者にとっては現在原価の方が有用だが、債権者にとっては売却時価の方が有用、といったことだろうか。

　有用は複数、ということの行き着くところ、あるいは目指すところは複数のカスタムメードの情報の提供だろうし、「利用者のどの有力な集団の判断と意思決定にも適合すると考えられるあらゆる情報を報告することを提唱する」[74] *ASOBAT* をもって先駆とし、意思決定支援機能こそを会計の中心的機能とする行き方、「情報会計論的」と称された行き方は、コンピュータリゼーションの進展に鑑み、複数のカスタムメードの情報の提供をもって志向していたはずだった。しかし、そうはなってきていないのはどうしてか。

　企業には種々の利害関係者、いま風にいえば、種々のステークホルダーが存し、したがって、企業をめぐって種々の意思決定がなされ、したがって、種々の情報利用があり、種々の有用な情報がありうるが、しかし、カスタムメードの情報はこれが提供をみるには至っていない。

　一つの、一般目的の情報にこそ意味があるのかもしれない。やはり意思決定支援ではないのかもしれない。やはり有用性ではないのかもしれない[75]。

---

[74] アメリカ会計学会／飯野利夫（訳）『基礎的会計理論』1969 年, 34 頁。
[75] この辺りの議論については下記のものを参照。
　友岡『会計と会計学のレーゾン・デートル』終章。

また，意思決定支援や有用性の否定はさて措き，会計学業界における時価会計論にあっては，叙上のように，例えば，投資者にとっては現在原価の方が有用だが，債権者にとっては売却時価の方が有用，といったことが云々されようが，前々々項の引用において「会計士が費用計算を行う場合,費用を歴史的費用（historical costs）として把握するが，経済学における費用は，投入物をいま購入したとすればいくらかかるか（economic costs—what a factor would cost if purchased now）で評価される」とする経済学者は「歴史的費用」，すなわち取得原価を否定し，他方，何を肯定しているのか。「いま購入したとすればいくらかかるか」はこれをどう捉えるか。これを逐語的に読み，また，会計学業界の時価会計論の用語法をもって解すれば，「いま購入したとすればいくらかかるか」はこれすなわち現在原価ということになろうが，しかし，機会費用は，むしろ，「いま」売却「したとすればいくら」得られる「か」，すなわち売却時価だろう。

すなわち，如上の経済学者の文脈においては［現在原価vs.売却時価］はおよそ問題ではなく，「いま購入したとすればいくらかかるか」は「企業によって使用される生産要素はすべて費用（cost）に含められ，市場価格（market price）で評価されねばならない」[76]とされる「市場価格」を意味するに過ぎず，なお，けだし，「すべて」の圏点は機会費用を含むべきことを意味する。

---

[76] ヴァリアン／佐藤（監訳）『入門ミクロ経済学（原著第9版）』322頁（圏点は原文）。

Varian, *Intermediate Microeconomics*, 9th ed., p. 364.

会計ないし会計学と経済学は観点（立脚地）and/or 視点（目の着けどころ）を異にし，したがって，拘りどころ（問題点）を異にする。

減価償却の意義

減価償却の意義（significance および meaning）をめぐる議論のなかに会計ないし会計学の特徴的な考え方をもって探る。

減価償却の意義（significance）　77
減価償却の意義（meaning）　81
減価償却引当金と発生主義会計　86
適正な期間損益計算と減価償却の
　意義　91

3 章

減価償却の意義 (significance)

減価償却には実にさまざまな意義 (significance) が認められる。

近代会計，そして今日の会計は「発生主義会計」と呼ばれる。また，経済学と会計学の異同はこれも，発生主義にある，とされる。某経済思想史家いわく，「簿記や会計の大原則である発生主義という考え方を経済学分野の人間は理解しません」[1]。

発生主義はこれを減価償却が代表する。したがって，けだし，減価償却には近代会計を知る手掛かりがあり，会計学の考え方を経済学の考え方との対比において考える場合の手掛かりもまた，減価償却にある。

会計学業界にあっては会計という行為の基本的前提をもって「会計公準」と称し，これまで種々の立場から種々の会計公準が挙げられてきているが，一般にコンセンサスを得ているものとしては企業実体の公準，貨幣的測定の公準，および継続企業の公準を挙げることができ，また，継続企業の公準は「会計期間の公準」とも称され，これらの3公準のうち，継続企業の公準，すなわち会計期間の公準は，これこそが近代会計にとって直接的な公準，などともいわれる。

継続企業の公準は，会計においては継続的な存在としての企業

---

[1] 池田幸弘「平成28年度学位記授与式式辞（通信教育課程）」『三色旗』第812号，2017年，21頁。

を念頭におく，というものであって，また，叙上のように，「会計期間の公準」とも呼ばれ，会計は期間ごとに行われる，というものでもある。

ここにいう継続企業は，逐語的に解すれば，継続的な企業，継続性をもった企業，ということになろうが，いま少し具体的には，終了というものが予定されていない企業，と定義することができよう。終了がない企業，という言い様は適当しない。実際に終了があるかどうかは不明ながら，例えば，来年の3月末日まで，とか，この事業プロジェクトが完了するまで，とかいったように予定されているわけではない，ということである。

今日の会計はこうした継続企業を前提して行われている。別言すれば，今日の会計は企業の終了を予定していない。もしもそうでなければ，（予定されている）終了を待って，企業の全生涯について会計を行う（例えば全生涯における経済活動の成果，全生涯における利益を把捉する）ということができようが，終了が予定されていなければ，（予定されていない）終了を待つことはできず，したがって，企業の経済活動の流れを時間的に区切ること，すなわち期間を定めることが必要となる。期間を定め，期間について会計を行う（例えば期間における経済活動の成果，期間における利益を把捉する）ということである。この期間のことを「会計期間」といい，したがって，この公準は「会計期間の公準」とも呼ばれるのである。

そして，既述のように，継続企業の公準，すなわち会計期間の公準は，これこそが近代会計にとって直接的な前提，などともい

われる。期間を定め，期間について会計を行う，ということは，けだし，これが近代会計，すなわち今日の会計の最大の特徴として捉えられる。

「今日の会計はこうした継続企業を前提して行われている。別言すれば，今日の会計は企業の終了を予定していない」と前述したが，これは，かつての会計はそうではなかった，ということを意味している。

今日の企業は一般に継続企業として行われているが，かつての企業はそうではなかった。すなわち，終了が予定されていた。そうした企業は「当座企業」と呼ばれる。この「当座」は，その場かぎりの，という意味であって，したがって，その場かぎりの企業，ということである（そうした当座企業にあっては，終了を待って，全生涯における利益を把捉するということができた）。そうした［当座企業 → 継続企業］という移行は会計の歴史において劃期的なできごと，すなわち期間利益[2]計算の成立をもたらす。

また，近代会計，すなわち今日の会計の大きな特徴としてはいま一つ，発生主義，というものを挙げることができる（ただし，これは最大の特徴ではない。叙上のような，期間について行う，ということがあってこそ，この発生主義はある）。この発生主義は現金主義というものと対比されるものであって，［現金主義 → 発生主義］という移行（発生主義の成立）はこれも会計の歴史において（期間利益計算の成立に次ぐ）劃期的なできごととして捉えられ，この移行はこれをまずは信用経済の発達および「固定資産」という概念の出現がもたらす。

2　注記 *39* をみよ。

固定資産に該るものはつとに存在したが，その存在とそれを「固定資産」という概念をもって捉えることは同じくない。「固定資産」という概念があってこそ，固定資産の会計問題があり，やがて減価償却がもたらされる。

　「固定資産を知ったとき，そのとき，そこに近代会計がみえてくる」[3]。「固定資産を知った，ということは，すなわち，短期的にでたりはいったりする流動資産，それと，すくなくとも短期的にはそういった動きのない固定資産，この2種類のものの存在が認識されたということであった」[4]。「depreciation概念が「減価償却」概念に転化する経済的基盤は経済発展に伴う企業資本の有機的構成の高度化であり，これが固定資本および流動資本の独自の回転様式を資本家に意識させることとなり，そこに減価償却概念生成の契機をみた」[5]。

　継続企業が期間をもたらし，期間（利益計算）が発生主義をもたらし，近代会計は発生主義をもって規定され，発生主義はこれを減価償却が代表する。

　なお，「近代（modern）」には二通りの意味がありえようが，ここにおける「近代会計」の「近代」は，今日に繋がる近代，今日にまで至る近代，ということであって，現代と区別される近代，現代の前にあった近代，ということではない。だからこそ，「近代会計，すなわち今日の会計」と前述された。

---

[3] 友岡賛『歴史にふれる会計学』1996年，192頁。
[4] 同上，192頁。
[5] 中村萬次『減価償却政策』1960年，337頁。

減価償却の意義（meaning）

減価償却の意義（meaning）を考える際に「減価償却」という語を用いることは適当ではないかもしれない。

減価償却は英語では「depreciation」というが、しかし、「depreciation」は第一義的には価値の減少、すなわち減価を意味し、また、いくつかの意味を有する。他方、減価償却の「償却」は費用化、すなわち、費用にする、ということであって、したがって、減価償却は、逐語的には、価値の減少（分）を費用にする、ということになろうが、これはいくつかの意味を有する「depreciation」に「価値の減少分を費用にすること」という唯一の定義を与えてしまっているようにも思われ、すなわち議論の余地をなくしてしまっているようにも思われる。果たして［depreciation ＝ 減価償却］なのだろうか。

もっとも「減価償却」を逐語的に読むことをしなければ、議論の余地はあり、減価償却とは何か、をもって論ずることもできようか。あるいは、depreciationとは何か、をもって論ずるべきか。

取っ掛かりとして代表的な会計学のテキストにおける減価償却の定義を少しサーベイしてみよう。

> 減価償却とは「有形固定資産の取得原価をその耐用年数にわたり一定の方法で配分する手続」[6] のことである。

---

6 広瀬義州『財務会計（第13版）』2015年, 277頁。

「減価償却とは,資本財の取得に要した資本支出額を,耐用年数の各年度に費用として配分し,その資本財から得られる営業収入に負担させて回収しようというものである」[7]。

「減価償却とは,固定資産の取得原価を,使用可能期間の効用の消費分を費用化し,配分する手続きである」[8]。

「減価償却とは,有形固定資産の取得原価を,その耐用年数にわたって一定の組織的な方法で費用として配分するとともに,資産の貸借対照表価額を同額だけ減少させていく会計手続をいう」[9]。

なお,最後の定義は「原価配分としての減価償却」[10]と題する項において示されている。○○としての,というからには色々な,○○としての,があって,例えば資産評価としての減価償却もあれば,資金準備としての減価償却もあれば,原価配分としての減価償却もあるということかとも思ったが,このテキストには「原価配分としての減価償却」しか見当たらない。

それはさて措き,他方,経済学のテキストはどうだろうか。

「減耗depreciationとは,摩滅や陳腐化した資本の量(the amount of capital that wears out or becomes obsolete)である」[11]。

---

[7] 伊藤邦雄『新・現代会計入門(第3版)』2018年,273頁。
[8] 同上,336頁。
[9] 桜井久勝『財務会計講義(第19版)』2018年,176頁。
[10] 同上,176頁。
[11] ジョセフ E.スティグリッツ,カール E.ウォルシュ／薮下史郎,

「減耗 depreciation 資産価値の減少。特に，資本財が使用され古くなることによって価値が減少すること (the decrease in the value of an asset; in particular, the amount that capital goods decrease in value as they are used and become old)。また減少した価値額のことをいう」[12]。

「10年後に工場（建設費100億円）の寿命が来るならば，事業継続のため工場を建て直す必要がある。工場設備が毎年価値の10分の1である10億円ずつ減価するならば，その分を工場を建て直すための費用として準備しておく必要がある。具体的には，毎年10億円が，価値の減少分として，費用に計上されると考えるべきだろう。この価値の減少分としての費用を減価償却費用と呼ぶ」[13]。

そもそも「depreciation」は「減耗」とされ，「減価償却」とは訳されていないが，これは経済学上の解釈が特殊ということではないだろう。「減価償却（depreciation）なる語は，会計上特殊な意味で用いられる語の顕著な例である。会計士がこの言葉を用い

秋山太郎，蟻川靖浩，大阿久博，木立力，宮田亮，清野一治（訳）『マクロ経済学（第4版）』2014年，194頁。
　Joseph E. Stiglitz and Carl E. Walsh, *Economics*, 4th ed., 2006, p.590.
[12] ジョセフ E. スティグリッツ，カール E. ウォルシュ／藪下史郎，秋山太郎，蟻川靖浩，大阿久博，木立力，宮田亮，清野一治（訳）『ミクロ経済学（第4版）』2013年，702頁。
　Stiglitz and Walsh, *Economics*, 4th ed., p.A-2.
[13] 奥野正寛（編著）『ミクロ経済学』2008年，101頁。

る場合の意味は、通常の会話の場合の意味と異なるのみならず、工学で用いられる場合の意味とも異なっている。それは、この言葉自体の本来の意味（価格または価値の減少）から遠く離れている。したがって、会計上の専門用語として用いられる場合のこの言葉の意味を明確にする責任は、会計士にある」[14] とされる。

また、最後に引かれたテキストにおいては工場や機械設備に関わる固定費用として維持・修繕費用、機会費用（利子費用）、および減価償却費用が挙げられ[15]、その上で如上の説明がなされ、「工場の現在価値（つまり、減価償却分を差し引いた……億円）」[16] といった件（くだり）が後続する。「減価償却分を差し引いた……億円」が「現在価値」ということは［取得原価 − 減価償却 ＝ 現在価値］ということになろうし、そうした減価償却は現在価値を知るためになされ、したがって、資産評価なのだろうか。

会計学における減価償却ないしdepreciationと経済学における減価償却ないしdepreciationは違うのだろうか。違うとしたら、異同点は何か。

また、「取得原価を基礎に費用の配分をおこなおうとする……費用配分としての期間的な配分」[17] として減価償却を捉える立場「に対して、いま一つのアプローチは経済学的本質から減価償却を論ずるもので、大別して価値移転計算説と投下資本回収計算説

---

14 アメリカ公認会計士協会／渡辺進、上村久雄（訳）『会計研究公報・会計用語公報』1959年、184〜185頁（（　）書きは原文）。
15 奥野（編著）『ミクロ経済学』100〜101頁。
16 同上、102頁（（　）書きは原文）。
17 成田修身『減価償却の史的展開』1985年、29頁（（　）書きは原文）。

（価値回収計算説）とにわかれ……前者は，生産的企業で生産的に使用される固定資産の消耗した価値は生産物のなかにはいりこみ，生産物の販売によって回収されることを重視するもので……それゆえ経済学的思考によって会計事実の本質を明らかにし，会計学に正しい基礎を与えようとするものである」[18]などともされる。

　会計学は経済学的思考に正しい基礎を与えてもらうのか。前章に述べられたように，会計学は経済学に頼るべきなのか。

　「会計学といわれるものの本質は，もともと経済学の一分化したものであると」[19]もされ，「減価償却論とか会計学といわれるものの本質は，もともと経済学の一分化したものであるという経済学的本質から考えれば，価値移転説がもっとも妥当する」[20]ともされているが，ただし，ここにいう「経済学」はマル経，すなわち「マルクスの『資本論』である」[21]。

　「ただし，経済学上の減価償却と会計学上の減価償却とが，単純に今日では一致しないものとなっていることに注意しなければならない」[22]とされ，G. O. メイ（G. O. May）が引かれる。

　メイいわく，「私的産業の分野における近代的減価償却理論の確立は，純粋に会計的な発展である」[23]。

18　同上，29頁。
19　成田修身『現代会計学の科学的構築——歴史・理論・政策』1990年，126頁。
20　同上，126頁。
21　同上，126頁。
22　同上，126頁。
23　G. O. メイ／木村重義（訳）『財務会計——経験の蒸溜』1957年，134頁。

減価償却引当金と発生主義会計

かつて減価償却費の相手勘定は減価償却引当金だった。

ただし,例えばアメリカ会計士協会(American Institute of Accountants)(AIA)(1957年以降はアメリカ公認会計士協会(American Institute of Certified Public Accountants)(AICPA)の『会計用語公報』(*Accounting Terminology Bulletins*)は1940年代[24]に「reserve」について次のように述べ,減価償却費の相手勘定の引当金性を否定している。

「会計実践上,この言葉は少なくとも次の四つの意味で用いられてきている。……(1) (a) 回収不能の勘定にたいする引当金のように,実現するものと期待される金額に到達するために,資産の記載額からの控除を示し,あるいは (b) 減価償却引当金の場合におけるように,将来の営業活動に適正に賦課することのできる金額を表わすために,資産の原価またはその他の基礎価額からすでに償却されまたは利益にたいして割当られた原価部分を意味する控除を示す。この意味で,この言葉は貸借対照表の資産区分に反映する評価性引当金を意味するものといわれてきた。……(3) (a) 改良または設備拡張のための準備金, (b) 財産取替の超過費用にたいする準備金, (c) 将来の棚卸資産損失にたいする準備金,または (d) 一般的な偶発損失にたいする準備金,の場合におけるように,純

---

[24] アメリカ公認会計士協会/渡辺,上村(訳)『会計研究公報・会計用語公報』168頁。

資産のうち一定額の——区分され,または特定されていない——部分が特別の目的のために保有されまたは留保されていることを示す。この意味で,準備金はしばしば留保利益の処分として示される。……会計実践上,準備金(リザーヴ)という言葉の使用は,上記四つの意味の第3のもの——すなわち,一般的または特定の目的のために区分されていない資産が保有されまたは留保されていることを示す——に限定さるべきであるということ,および,損益計算書においてこの語を使用しまたは貸借対照表において資産からの控除あるいは特定の債務にたいする準備を表わすためにこの語を用いることは避けるべきであること,を1948年に当委員会は勧奨したのであった。この勧奨が妥当であるという認識が,漸次広がりつつあるようである。……第1の用法についていえば,いわゆる貸倒引当金または減価償却引当金は,それ自体は,ある目的のために資産——特定された,または特定されていない——を留保しまたは保有していることを意味しない。その機能はむしろ,特定の原因にもとづく資産の減損または減少額を示すための測定過程の一部である。準備金(provision)なる語をもって置きかえようとする提案があるが,これが事態の改善となるものとは認め難い。なぜなら,いかなる準備金(provision)も必然的にまた究極において,資産の割当または分離によってなされなければならないからである。この領域における差引・引当金(less reserve)なる語は,差引・回収における見積損失(less estimated losses in collection),差引・発生減価額(less accrued depreciation)等のごとき測定過程を示す言葉に

よって漸次取替えられてきている」[25]。

また，日本の場合には1982年（昭和57年）の企業会計原則の修正において「将来の特定の費用又は損失であって，その発生が当期以前の事象に起因し，発生の可能性が高く，かつ，その金額を合理的に見積ることができる場合には，当期の負担に属する金額を当期の費用又は損失として引当金に繰入れ，当該引当金の残高を貸借対照表の負債の部又は資産の部に記載するものとする」[26]と規定され，これは「引当金とは未発生費用または損失に照応する貸方項目であって，既発生のものにかかわる貸方項目は引当金ではない」[27]と解され，「既発生の費用とみる減価償却費の計上においてあらわれる減価償却引当金は引当金ではないという」[28]こととなった。

しかしながら，「なぜ未発生の費用または損失が当期に計上されなければならないのであろうか。現行の会計は発生主義会計であるといわれて……いるにもかからず，なぜ，未発生のものの計上がなされなければならないのであろうか」[29]。

引当金と発生主義の関係については種々の解釈がなされてきている[30]が，しかし，「なぜ，未発生のものの計上がなされなければならないのであろうか」と問う向きによれば，「引当金の設定

25　同上，192～194頁（ルビおよび（ ）書きは原文）。
26　大蔵省企業会計審議会，企業会計原則注解，1982年，注18。
27　平井克彦『引当金会計論』1991年，33頁。
28　同上，32頁。
29　同上，34頁。
30　同上，第2章。

による費用の認識こそが発生主義会計の特徴であり，この費用の認識方法こそが発生主義による費用の認識方法であろう」[31] ともされる。これは異説ともされている[32] が，けだし，「なぜ」はまったくもってその通りといえよう。

　今日の会計は「発生主義会計」と称されながらも，すべて発生主義をもって貫いているわけではない。費用収益対応の原則もあれば，実現主義もあろうし，これらの位置付け方については種々の解釈がありえよう。したがって，例えば，会計上の認識はすべてが発生をもって行われているわけではなく，事実，収益は実現をもって認識されているではないか，ともいわれようし，さらには，すべてが発生をもって認識されているわけではないのだから，未発生のものの認識があってもおかしくない，ともされよう。

　[現金主義 vs. 発生主義] であって，したがって，発生主義は非現金主義であって，非現金主義であるならば，未発生のものの認識も認められる，ともいえようが，「今日の会計は「発生主義会計」と称される」ということの意義は，今日の会計は現金ベースの会計ではない，ということであって，そうした発生主義については一般に「現金収支の如何にかかわらず……」といった言い様がなされる[33] が，これは，現金収支に拘らなくてよい，とも，拘るべきではない，とも解されようし，現金収支の如何にかかわ

---

31 同上，49頁。
32 横山和夫『引当金会計制度論――日本における引当金会計制度の史的変遷』2013 年，334〜335 頁。
33 友岡賛『会計学原理』2012 年，121 頁。

らず,発生にもとづいてよい,とも,発生にもとづくべきである,とも解されようが,「べき」と解すべきか。

しかるに,いずれにしても,発生主義はあくまでも発生主義であって,「なぜ」未発生を認めることができるのだろうか。

「発生にもとづいてよい」と解した場合には,未発生でもよい,とはならないだろうし,「現金収支に拘らなくてよい」は未発生までを認めるものではない。また,「現金収支に拘るべきではない」は未発生を認めることもありえようが,しかし,「発生にもとづくべきである」は未発生を認めない。

また,実現主義の存在については,発生主義の下,ただし,収益に関しては,保守主義と利益の分配可能性が考慮され,実現をもってする認識が行われる,といえようが,しかし,発生主義はこれすなわち非現金主義とする場合,そして実現主義を現金主義に近しいものとみた場合には,非現金主義の下での実現主義,というものの解釈が些か悩ましく思われるかもしれない。

現金主義は,要するに,現金収入をもって収益とし,現金支出をもって費用とし,他方,実現主義は現金ないし現金等価物の収入[34]をもって収益とする。[現金収支 → 発生]というように移

---

[34] 「収入」と「現金収入」,「支出」と「現金支出」を同義に用いる向きも散見されるが,ここに「収入」は,収め入れる,「支出」は,払い出す,といった意味であり,あるいはまた,「収入」は,入ってきて自分のものになるもの,「支出」は,出ていって自分のものではなくなるもの,といった意味であり,したがって,ときに「商品支出」といった言い様も用いられる(友岡賛『歴史にふれる会計学』1996年,179〜182頁)。

行をみた認識基準が，しかし，収益については少し戻された，というべきか，あるいは，発生までは行かなかった，というべきか。

なおまた，費用についても費用収益対応の原則の捉え方の問題があり，この原則と発生主義の関係についても種々の捉え方がありえよう。

適正な期間損益計算と減価償却の意義

前々項に引かれた会計学のテキストには「原価配分としての減価償却」しかなく，「資産評価としての減価償却」や「資金準備としての減価償却」はなかった。

例えば「資金準備としての減価償却」についていえば，テキストにおいて資金準備の類いは減価償却の「自己金融効果」[35]，あるいは「ファイナンス効果」[36]，あるいは「自己金融作用」[37]などと称され，減価償却の機能ないし目的とはみられていない。機能ないし目的は原価配分であって，ただし，減価償却にはファイナンスの効果・作用が（も）ある，ということか。また，「資産評価としての減価償却」については減価償却とは別物として峻別される減損処理の存在が留意される。減損処理は資産評価だからである。減価償却とは峻別される減損処理が資産評価だからといって，減価償却は資産評価に非ず，とはならないが，まずはさて措く。ただしまた，前々項に引かれた経済学のテキストには「資産評価としての減価償却」とも解される［取得原価 − 減価

35　伊藤『新・現代会計入門（第3版）』337頁。
36　同上，372頁。
37　桜井『財務会計講義（第19版）』177頁。

償却 = 現在価値]という件があったことが想起される。

メイは次のように述べている。

「固定的財産についていう「減価償却」はいまや一つの術語であって,財産の最終的な廃棄をひきおこす総ての原因によるところの原価あるいは費用を,この原価が当期の維持費に含められないかぎり,広く記述するために用いられている。毎年の減価償却費の配賦は,有用な命数にわたる原価の済し崩しである。それは価値の変化の測定を試みるものではなく,また財産の取替えとはなんの関係を有するものでもない」[38]。

「原価配分としての減価償却」,原価配分を目的とする減価償却,その目的は適正な期間損益計算にある。

「適正な期間損益計算」[39] は近代会計の決め台詞だった。特に[企業会計原則 = 会計理論の標準(スタンダード)]と目された時代[40],[会計学 = 企業会計原則論]だった時代にはそうだった。ちなみに,例えばかつて公認会計士試験等の受験指導において講師いわく,

「どんな問題の場合にも答案には必ず「適正な期間損益計算のため」と書くようにしてください」。

「決め台詞だった」としたのは[収益費用アプローチ → 資産負債アプローチ]という移行をみつつあるともされる現況に鑑み

---

38 メイ／木村(訳)『財務会計』134〜135頁。
39 筆者とすれば,企業の目的は,むろん,利益にこそあって,損失にはなく,したがって,「適正な期間利益計算」としたいところながら,一般には「適正な期間損益計算」とされる。
40 第1章。

てのことながら,しかし,収益費用アプローチこそが会計,と考える[41]筆者とすれば,過去形にはしたくない。

[資産負債アプローチvs.収益費用アプローチ]の議論において減価償却は一般に「収益費用アプローチの典型といわれ」[42],「誰も減価償却計算の目的が,各期末の償却後原価を算出するためのものとは思っていない」[43]ともされているが,しかしながら,資産負債アプローチの世界にあっても減価償却は「そう簡単には変わらない」[44]ともされ,それは減価償却が貸借対照表による財政状態の表示という点においても「長きに亘って許容されてきたもの」[45]だから,ともされ,これは興味深い。

なおまた,冒頭の辺りにおいて「経済学と会計学の異同は……発生主義にある,とされる」と述べられた本章において「この発生主義は現金主義というものと対比されるものであって,[現金主義 → 発生主義]という移行は……会計の歴史において劃期的なできごととして捉えられ」るとした筆者は,叙上のように,収益費用アプローチこそが会計,と考えているが,しかしながら,論者によっては,現金主義か発生主義か,ということは余り問題ではないらしい。[資産負債アプローチvs.収益費用アプローチ]というよりは[ストックvs.フロー]の議論というべきかもしれないが,この手のvs.において,フロー計算こそが会計,と考えつつ,フローでありさえすれば,現金主義か発生主義か,という

---

41 同上。
42 西川郁夫『会計基準の考え方――学生と語る23日』2018年,14頁。
43 同上,15頁。
44 同上,15頁。
45 同上,15頁。

ことは余り問題ではない[46]とする向きも見受けられる[47]。

閑話休題。適正な期間損益計算の目的は何か。まずは,投資意思決定に資するべく企業の収益性に関する適正な情報をもって投資者に提供すること,とされようし,あるいはまた,出資者に対する配当は利益の配分であることから,適正な配当額の算定のための適正な利益額の算定,ともされようか。

なお,このように,会計には情報提供[48]という面と計算という面がある。会計の情報は,むろん,計算によって作成されることから,情報提供の面と計算の面,という捉え方は軸がずれている,とされるかもしれないが,情報の作成プロセスとしての計算と如上の計算は意味が異なる[49]。

ところで,「計算」といえば,会計学の考え方を経済学の考え方との対比において考える場合,その要(かなめ)となりそうな要の候補の一つが「計算」である。しかし,候補はいま一つあってそれは「記録」である。むろん,この二つは択一的な関係にあるわけで

---

[46] 辻山栄子談(慶應義塾大学会計研究室主催公開シンポジウム,2018年)。

[47] 「フロー計算こそが会計」と上記したが,ただしまた,「フローで測った利益の情報価値を否定ないしは軽視する会計基準の動向は,経済学をむしろ誤って適用した結果でもある」(斎藤静樹「渡邉泉著『会計学の誕生——複式簿記が変えた世界(書評)』」『産業經理』第78巻第1号,2018年,119頁)ともされる。

[48] 第2章の注記 35 をみよ。

[49] 情報提供と計算の関係について下記のものを併せみよ。
友岡『会計学原理』77〜78頁。

はないが，しかし，このいずれかが会計の要に思われてならない。例えば会計学業界における［原価vs.時価］の議論において原価，すなわち「取得原価」ないし「歴史的原価」と称される原価が一定の支持を得ている（だからこそ，この業界にはこの議論がある）ことの意味もこうした要の候補との関係において考えてみたい。例えばエコノミストからは「時価を示さない会計はおよそナンセンス」などとされている（したがって，経済学業界には如上の議論はない）こととの対比において考えてみたい。むろん，原価については数値の客観性が支持理由の一つとされようが，この客観性には，取得原価数値は客観的に決定された数値である，という意味と，歴史的原価数値は客観的に存在する数値である，という意味の二つがある。敷衍すれば，取得原価数値は売り手と買い手の取引関係において客観的に決定された数値であって，また，歴史的原価数値は過去の事実のなかに客観的に存在する数値であって，なおまた，過去の事実として記録された数値である[50]。蛇足ながら，歴史はこれすなわち記録である。歴史的原価は記録された原価である。ただし，筆者とすれば，取得原価会計・歴史的原価会計については「客観性以外の論拠を用いたい。客観性では面白くない」[51]。

「計算」について寄り道したはずだったが，以上は「記録」の

---

[50] この辺りの議論については下記のものを参照。
　友岡賛『会計と会計学のレーゾン・デートル』2018年，54〜56, 275頁。
[51] 同上，88頁。

ことに終始してしまった。ただし、会計と簿記の捉え方[52]によっては、計算は会計の範疇だが、記録は簿記の範疇、ということにもなろうか。

　閑話休題。「reserve」はときに「引当金」と訳され、また、ときに「準備金」（ないし「積立金」）と訳される。むろん、用語法には多様性が認められようが、ありうべき一つの解釈ないし整理の仕方は［収益 − 費用 ＝ 利益］という等式の関係において「引当金」の場合は等式の左辺、「準備金」の場合は等式の右辺、というものであって、また、これらは適正な配当額の算定については同様ながら、収益性に関する適正な情報の提供については「準備金」の場合には問題あり、というものだろうか。
　敷衍すれば、「引当金」の場合は
　　（借方）減価償却費　XXX／（貸方）減価償却引当金　XXX
であって、すなわち
　　（借方）・費・用　XXX／（貸方）減価償却引当金　XXX
であって、したがって、上記の等式の左辺となり、他方、「準備金」の場合は
　　（借方）繰越利益剰余金 XXX／（貸方）減価償却準備金 XXX
であって、すなわち
　　（借方）・利・益　XXX／（貸方）減価償却準備金　XXX
であって、したがって、上記の等式の右辺ということであり、かくして「引当金」の場合は損益計算だが、「準備金」の場合は利

---

[52] 会計と簿記の捉え方については下記のものを参照。
　友岡賛『会計学の基本問題』2016年、第4章。

益処分であって，減価償却が損益計算の外に置かれる。

もっとも「reserve」概念の解し方はさて措き，先述のように，引当金性が否定され，現行のように［(借方) 減価償却費　XXX／(貸方) 減価償却累計額　XXX］とされる場合にも，これはすなわち［(借方) 費用　XXX／(貸方) 減価償却累計額　XXX］であって，したがって，上記の等式の左辺ということになる。

ただし，「これらは適正な配当額の算定については同様」と前述はしたものの，例えば19世紀イギリスにあってリバプール・マンチェスター鉄道（Liverpool and Manchester Railway）の会計において「注目すべきことは減価償却費を期間費用として収益から控除するのではなくて，配当後剰余金の処分として取扱っているところにある」[53]とされ，また，「収益性に関する適正な情報の提供については「準備金」の場合には問題あり」と前述はしたものの，19世紀イギリスにあって「鉄道会社は，減価償却費を計上するのと同時に，同じ金額を減価償却準備金として設定し，さらに，これを預金あるいは現金の形で社内に確保していた」[54]とされ，「鉄道会社が行った減価償却に関する仕訳は次のようだったと推測される」[55]とされる。

　　(借方) 減価償却費　XXX／(貸方) 現金　　　　　XXX
　　(借方) 現金　　　　XXX／(貸方) 減価償却準備金　XXX

上記の仕訳における「現金　XXX」にはどのような意味があ

---

[53] 中村萬次『英米鉄道会計史研究』1991年，165頁。
[54] 澤登千恵「株式会社制度確立期の財務報告実務」中野常男，清水泰洋（編著）『近代会計史入門』2014年，186頁。
[55] 同上，192頁。

るのか。「償却された実体は,基金として留保し（set aside）,銀行に預け入れられ……」[56] とされていることからすると,それだけの現金を（現金ないし預金として）取って置く（set aside）ということか。あるいは,減価償却費の特徴の一つはそれが現金支出を伴わない費用であるというところにあり,しかし,にもかかわらず,「(貸方) 現金 XXX」として現金支出を擬制することによって,それだけの現金を取って置くということか。いずれにしても,「現金 XXX」がないと,この仕訳は［(借方) 減価償却費 XXX／(貸方) 減価償却準備金 XXX］,すなわち［(借方) 費用 XXX／(貸方) 資本 XXX］となってしまい,会計を知っていると,これは容れることができない。

　なおまた,貸借対照表の貸方の区分に目をやってみると,［(借方) 減価償却費 XXX／(貸方) 減価償却引当金 XXX］および［(借方) 減価償却費 XXX／(貸方) 減価償却累計額 XXX］はいずれも

　　(借方) 減価償却費 XXX／(貸方) 負債 XXX

であって,他方,［(借方) 繰越利益剰余金 XXX／(貸方) 減価償却準備金 XXX］は

　　(借方) 繰越利益剰余金 XXX／(貸方) 資本 XXX

であり,かくして「引当金」および減価償却累計額の場合は資産と負債の正味として当該固定資産の現在の価値らしきものが把握されようが,「準備金」の場合はさに非ず。会計（複式簿記）の仕組みに資産と資本の正味はない。会計を知らなければ,資産と負債の相殺も資産と資本の相殺も同様になしえようが,会計を知っ

---

[56] 中村『英米鉄道会計史研究』165頁（（　）書きは原文）。

第3章 減価償却の意義　*99*

ていると，資産と資本の相殺はこれを行うことができなくなる。

　減価償却は資産評価に非ず，とされようとも，相殺をもって固定資産の現在の価値らしきものが示されることは強ち無意味でもあるまいか。

　前に引かれた「誰も減価償却計算の目的が，各期末の償却後原価を算出するためのものとは思っていない」という件は，減価償却は資産評価に非ず，ということであって，「財政状態から見て，ある時点の償却後原価がそのときのFV（公正価値）のプロクシー（近似値）というのは，無理があ」[57]る，ともされているが，しかしながら，これも前に引かれたように，減価償却が貸借対照表による財政状態の表示という点においても「長きに亘って許容されてきた」ということは看過しえず，これは「正味」が「現在の価値らしきもの」として「許容されてきた」ということだろう。適正な期間損益計算のためにする「原価配分としての減価償却」による「償却後原価」は，しかし，「財政状態としてみたときも，長きに亘って許容されてきた」[58]のである。

　閑話休題。叙上のことをまとみてみれば，以下のようになろう。適正な期間損益計算にそぐうのは，すなわち適正な期間損益計算のためにする「原価配分としての減価償却」にそぐうのは，けだし，やはり引当金だろうし，適正な期間損益計算のためには［収益 － 費用 ＝ 利益］の左辺においてことがなされなければならない。また，「資産評価としての減価償却」は，会計を知ってい

57　西川『会計基準の考え方』15頁（二つ目の（　）書きは原文）。
58　同上，15頁。

ると,貸方は負債でなければならず,さらにまた,「資金準備としての減価償却」は,適正な期間損益計算をもって考えなければ,左辺でも右辺でも構わず,負債でも資本でも構わない,といえようが,適正な期間損益計算を考える場合には左辺でなければならず,会計を知っていると,貸方は負債でなければならない。

ちなみにまた,歴史上の実践は,19世紀イギリスの鉄道会社にあってdepreciationのまずもっての意義は概して当該資産の取り替えのための資金準備に求められた。「初期における鉄道事業の会計課題は,主として車輛の維持・更新という財務政策に関心が注れれ……そのため各種の財務政策が動員せられ,減価償却がその政策実現の方便として企業家の意識に反映した」[59]が,ただしまた,しかしながら,[収益 − 費用 = 利益]の左辺における処理は経営者の好むところではなかった。そのかみにあって鉄道会社の経営者にとっての最優先事項は株主対策,すなわち株主をして納得させることのできる額の配当を支払うことであって,減価償却費の計上による利益の減少は決して好ましいことではなかった。しかも,鉄道会社にあって固定資産の取り替えは遠い遠い将来のことでしかないとされていた。敷衍すれば,原価配分はdepreciationのまずもっての意義ではなく,原価配分のため,すなわち適正な期間損益計算のためにする減価償却費の計上は経営者の好むところではなく,資金準備のためにするdepreciationはこれも決して切実なものではなかった[60]。

---

59 中村『減価償却政策』24頁。
60 友岡『歴史にふれる会計学』199〜211頁。

「資産」概念と資産の分類

「資産」概念をめぐる議論を材料に会計学の考え方を考える。また,資本の循環プロセスからする資産分類論をもって俎上に載せる。

「資産」概念　*103*
資産の分類　*110*
種々の分類　*113*
理論的混乱?　*120*
分類の意義(meaning, あるいは
  significance)　*123*
資産の分類の意義(significance)　*125*

第4章 「資産」概念と資産の分類

「資産」概念　『簿記論』とか『会計学』とかいった入門的なテキストの類いは最初の辺りの章において「簿記の基礎概念」とか「会計の基礎概念」とかいった節題等の下,「資産」,「負債」,「資本」,「収益」,「費用」,「取引」等の概念を説明している。

簿記論のテキストをみてみれば, 例えば筆者の指導教授だった某氏[1]が著した入門書は「第2講　複式簿記のしくみ」の第1節が「基礎概念」と題され[2], その冒頭において次のように説明されている。

> 「資産とは, 用役可能性(サービス・ポテンシャルズ)をもつものといわれるが, 具体的には現金, 預金, 土地, 車両などの財貨と売上代金の未収分である売掛金, 特許権などの諸権利を総称した概念である。それらは常識的には財産といわれる

---

1 同業者のなかには, およそ必要がないのに, あるいは胡麻擂りのためにか, 先生の著書から繁く引用する向きも散見されようが, 筆者はごく最近(友岡賛『会計と会計学のレーゾン・デートル』2018年, 223頁)まで指導教授の會田義雄の著書から引用したことが一度もなかった。その理由の一つは, 彼自身,「私は會田だから間を取る」といっていたように, バランス感覚に秀でた會田の説は中庸を得た説であって, 別言すれば, 個性ないし特徴に乏しく, そうした意味において, 俎上に載せる意味が余りない, ということだった。しかし, 本章にあってはそうした特徴に乏しいという特徴に着目し, ごく一般的な例の一つとして引くこととした。

なお, 以上の言説は會田をもって否定的に評しているわけでは決してなく, 常に中庸にあった彼のことを大いに肯定的に回想したものである。

2　會田義雄『簿記講義』1979年, 8頁。

ものであるが,簿記・会計の用語としては,資本の具体的運用形態のものを総称して資産という」[3]。

ここではまずは「サービス・ポテンシャルズ」概念が用いられている。かつて,資産とは何か,については「繰延費用説と用役潜在説（サービス・ポテンシャルズ）」[4]があり,しかし,「前者は……費用性資産を念頭に置いた資産概念であり……非費用性資産を考慮していないが……用役潜在説は,資産全般を網羅し」[5]ているため,或る時期,この「サービス・ポテンシャルズ」概念がよく用いられた。学者には「一元的（一義的・一意的）に説明したい,という気持ち,すなわち,一元論を構築したい,という……色気（欲求）」[6]があり,「全般を網羅し」ているということは学者の好きな一元論をもたらしているということになろうが,しかし,「一元論にこだわると,定義は漠としたものになる」[7]。漠としていて「わかりにくい」[8]とされ,あるいは漠とした定義「にもとづく議論は……不毛,というか,要するに,面白くない」[9]とされ,いずれにしても,「用役は多様な資産の公分母ではあっても,漠然としていることは否めない」[10]ため,すぐに「具体的には」と続けな

---

3 同上,8頁（（ ）書きは原文）。
4 藤田敬司『現代資産会計論』2005年,7頁。
5 同上,14頁。
6 友岡賛『会計学原理』2012年,152頁（（ ）書きは原文）。
7 同上,152頁。
8 中村忠『新稿 現代会計学（9訂版）』2005年,228頁。
9 友岡『会計学原理』153頁。
10 藤田『現代資産会計論』14頁。

ければならない。また，上に引かれたものにおいては「常識的には財産といわれる」ともされているが，「この「常識的」という言い様は，大雑把なようでいて，どうしてなかなかに意味深い」[11]。なおまた，「異なる資産概念としてつぎの三つのものを挙げることができる」[12]として「一般的・常識的な資産の観念……未費消の原価あるいは繰延べ費用の観念……経営資金投下対象の有用性の観念」[13][14]を挙げる向きもある。

　また，（筆者の指導教授ではなく）筆者が指導教授の某氏が著した，近年にあっては珍しい，実にオーソドックスな簿記論の入門書は「第2講　5要素と2つの財務諸表」において「簿記会計の5要素の重要性」を説き[15]，次のように説明している。

「資産とは，企業の所有する財貨や，債権等をいう。具体的には，現金，売掛金，商品，貸付金，車両運搬具，備品，建物，土地，等の勘定が含まれる」[16]。

---

[11] 友岡『会計と会計学のレーゾン・デートル』223頁。
[12] 木村重義「資産会計の基本問題」片野一郎（責任編集）『近学大系［第4巻］　資産会計論』1970年，9頁。
[13] 同上，9頁。
[14] なお，「資産の有用性あるいは役立ち（usefulness）はまた用役（service），用役可能性（service-potential）あるいは効用（benefit）ともよばれている」（同上，12頁（（　）書きは原文））とされており，すなわち三つ目のものは「サービス・ポテンシャルズ」概念である。
[15] 中村文彦『簿記の思考と技法』2018年，9頁。
[16] 同上，10頁。

ここでは端から例が示され,具体例が後続しており,定義はない。「定義はない」としたが,定義とは何か。辞書的には「定義」は例えば「或る概念の本質的な属性を挙げることによって,他の概念と区別することができるようにその意味を限定すること」などといったように定義されようし,こうした「定義」の定義によれば,上に引いたものには「資産」「の本質的な属性を挙げること」をみることができず,したがって,やはり定義はないということになろう[17]。

ただしまた,果たして定義は必要なのだろうか。学者は「明確に定義・概念規定することなく,例示でもって逃げている」といった否定的な評をしがちだが,「例示で何が悪い」という反駁もありえよう。

さて,次に会計学の入門的なテキストからいくつか拾ってみよう(タイトルからして入門書っぽいものを選んでみた)。

「資産は,企業によって所有されている,価値ある資源のことで」[18],「ある品物が会計上資産と見なされるため」[19]の「最初の要件は,その品物が企業によって支配されていなければならないということ……2番目の要件は,その品物が企

---

17 「定義」の定義および「定義」と「要件」や「特徴」等の関係について下記のものを参照。
友岡賛『会計学の基本問題』2016年,14〜18頁。
18 ロバート・アンソニー,レスリー・パールマン/西山茂(監訳)『会計学入門』2002年,10頁。
19 同上,24頁。

業にとって価値あるものでなければならないということ……第3の要件は，その品物が測定可能な原価で取得されたものでなければならないということで」[20]ある（『入門』）。

「今日最も支持されている考え方によれば，会計で記録される資産は……①キャッシュを獲得するために役に立つ経済的資源で……②過去に生じた何らかの取引または事象に起因し……③会社がそれを支配していること」[21]という「特徴を有しているものと定義されてい」[22]る（『はじめて出会う』）。

「資産は，会社が将来，現金を獲得するための利益を得ることを目的として，事業活動に利用するために所有している経済的資源である」[23]（『ズバッ！とわかる』）。

以上のもの，特に二つ目のものと三つ目のものはかなり似通っていることが見て取れようが，けだし，この手の定義のルーツはアメリカの財務会計基準審議会（Financial Accounting Standards Board）（FASB）の1980年公表の財務会計の諸概念に関するステートメント第3号『営利企業の財務諸表の構成要素』（*Elements of Financial Statements by Business Enterprises*）において示された定

---

20 同上，24〜25頁。
21 川本淳，野口昌良，勝尾裕子，山田純平，荒田映子『はじめて出会う会計学』2009年，106頁。
22 同上，106頁。
23 伊藤徳正「資産の会計」佐藤倫正，向伊知郎（編著）『ズバッ！とわかる会計学』2014年，153頁。

義に求められよう[24]。

> 「資産とは,過去の取引または事象の結果として,ある特定の実体により取得または統制されている,発生の可能性の高い将来の経済的便益(probable future economic benefits)である。……資産は3つの本質的な特徴を有している。すなわち(a)資産は,単独でまたは他の資産と結びついて直接的または間接的に将来の正味キャッシュ・インフローに貢献する能力を有する,発生の可能性の高い将来の便益(probable future benefit)であること,(b)特定の実体がその経済的便益を獲得することができ,その便益に他の実体が接近するのを支配することができること,(c)その便益に対する実体の権利または支配を付与する取引その他の事象がすでに発生していること,である」[25]。

---

24 なお,このステートメントは1985年に『財務諸表の構成要素』(*Elements of Financial Statements*)というステートメント(財務会計の諸概念に関するステートメント第6号)と差し替えられており,ちなみに,後出の邦訳書(初版は1988年刊)においてはこの差し替え後のものが訳出されているが,この差し替えは非営利組織体を対象に含むためのものであって「本ステートメントは,FASB諸概念ステートメント第3号,営利企業の財務諸表の構成要素の改訂版であり,第3号の定義を非営利組織体にまで拡張している」(財務会計基準審議会/平松一夫,広瀬義州(訳)『FASB財務会計の諸概念(増補版)』2002年,284〜285頁)とされ,また,「本ステートメントは,非営利組織体およびその活動の特徴から生じる追加的な説明を含んではいるが,諸概念ステートメント第3号で定義された構成要素を変更してはいない」(同上,285頁)とされており,すなわち「資産」の定義等には変更がない。

25 Financial Accounting Standards Board, Statement of Financial

「「会計原則(会計基準)における統一性と弾力性」の問題」[26]において「FASBは、ひとつの特徴的な方向として、「統一性」を志向していることは明白」[27]とされ、また、「財務データの比較可能性を重視し、財務報告の目的適合性を強調するFASBの立場からすれば「統一性」が志向されるのも当然」[28]とされる「FASBは、会計基礎概念の確立という仕事から始め、そのような概念的基礎の上に会計基準を構築しようとしたのであ」[29]って[30]、「アメリカの会計基準設定主体である財務会計基準審議会が、その発足当初から取り組んできた「概念構造」プロジェクトの具体的研究成果」[31]が上に引かれた『営利企業の財務諸表の構

Accounting Concepts No. 3, *Elements of Financial Statements by Business Enterprises*, 1980, pars. 19-20.

Financial Accounting Standards Board, Statement of Financial Accounting Concepts No. 6, *Elements of Financial Statements*, 1985, pars. 25-26.

財務会計基準審議会／平松, 広瀬(訳)『FASB財務会計の諸概念(増補版)』297頁。

26 山形休司『FASB財務会計基礎概念』1986年, 30頁。

27 同上, 30頁。

28 同上, 31頁。

29 同上, 60頁。

30 会計基準の統一性と基礎概念確立の関係については例えば以下のように説かれる。

「FASBはいろいろな状況のもとでの収益の認識に関連した5つの基準を提案した。しかし、もし収益そのものの性格についての明白な概念がひとつあれば、これらの別々の収益認識基準のいくらかは必要がなくなる。そのことは多くの会計基準の整理に役立つし、可能なすべての状態のために詳細な基準を作らなければならないというような基準設定者の苦労を減じるものでもある」(同上, 59頁)。

31 財務会計基準審議会／平松, 広瀬(訳)『FASB財務会計の諸概念(増補版)』「訳者まえがき」6頁。

成要素』を含む一連の財務会計の諸概念に関するステートメント（Statement of Financial Accounting Concepts）だった。

「FASBによれば,「概念構造」とは,「首尾一貫した会計基準を導き出すと考えられ, かつ財務会計および財務報告の性格, 機能および限界を規定する相互に関連する基本目的ならびに根本原理の整合的な体系」であると定義され, 会計に関する「一種の憲法である」とされて」[32]おり, 弘められ, 博く用いられることが予定されているような性格のものだった。

資産の分類　前項に引かれた会計学の入門的なテキストの一つ目はアメリカにおける定番テキストの著者[33]ロバート N. アンソニー（Robert N. Anthony）の *A Review of Essentials of Accounting*（初版は1985年刊行, 引用は2000年刊行の第7版の訳書）だったが, この書においては図1のような資産の分類[34]が注目される。日本のテキストにあっては余り目にすることのない分類だからである。

図1　資産の分類（アンソニーほか）

---

[32] 同上, 6頁。
[33] 友岡『会計学原理』19頁。
[34] アンソニー, パールマン／西山（監訳）『会計学入門』37頁。

けだし，従来の日本のテキストにおいては，財務流動性の観点からする［流動資産：固定資産：繰延資産］という分類はこれをさて措けば，資本の循環プロセスの観点からする［貨幣性資産：非貨幣性資産］ないし［貨幣性資産：費用性資産］という分類が一般に行われてきているが，しかし，アンソニーのテキストにあっては「企業によって所有あるいは支配されている価値あるもの」[35]とされる資産がまずは「触ることができる」[36]有形資産と「触ることができない」[37]無形資産に大別されている（なお，「触ることができない」に「(紙片であるということを除いては)」[38]という（　）書きが附されていることが面白い）。

叙上の［貨幣性資産：非貨幣性資産］ないし［貨幣性資産：費用性資産］という分類は［G → W → G'］，要するに［カネ → モノ → カネ］という資本の循環プロセスの観点からするものであって，これについては「［G－W－G'］というのは，国民経済を対象にして形成された経済学のシェーマであるが，それを無造作にそのまま会計学の世界に持ち込んでしまったことに，そもそもの問題がある」[39]と批判する向きもみられるが，それはさて措き，まずもって［有形資産：無形資産］とするアンソニーには有形資産をモノとして捉え，［カネ：モノ］という分類をすることには拘りがないのだろうか。

---

[35] 同上，37頁。
[36] 同上，37頁。
[37] 同上，37頁。
[38] 同上，37頁。
[39] 笠井昭次「貨幣性資産・費用性資産分類論の総合的検討——認識・測定規約を巡って(5)」『三田商学研究』第45巻第6号，2003年，16頁。

もっともアンソニーにも無形資産については貨幣性項目と非貨幣性項目の分類がみられ，前者については「現金と，外部者がその企業に一定の金額を支払うことを約束している資産」[40]という定義がみられるが，やはりまずもって［有形資産：無形資産］とすることの意義は分からない。実はアンソニーは資産の分類とともに，図2のように，資産の評価基準（測定属性）を示しているが，図3のような分類の方がすっきりとしてはいまいか。

図2 資産の分類（アンソニーほか）

図3 資産の分類

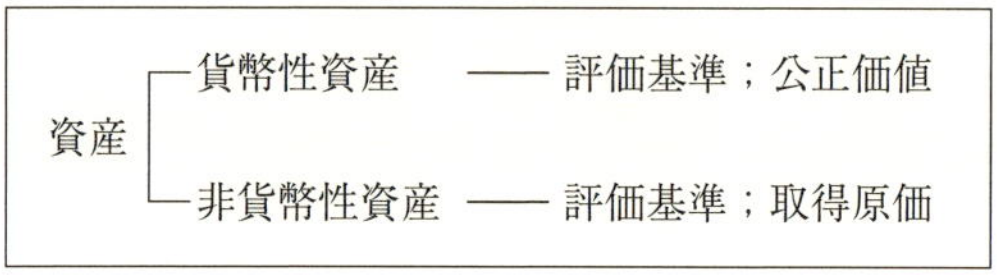

```
         ┌─貨幣性資産  ── 評価基準；公正価値
    資産─┤
         └─非貨幣性資産 ── 評価基準；取得原価
```

---

[40] ロバート・アンソニー，レスリー・ブライトナー／西山茂（監訳）『会計学入門（第2版）』2007年，281頁。
　この件(くだり)についてのみは，既出の訳書（アンソニー，パールマン／西山（監訳）『会計学入門』）の訳が「外部の企業などがその事業に一定の金額を支払うことを約束した金額あるいは現金などの資産」（260頁）と上手くないため，第2版を用いた。

けだし，概して分類は手段であって，目的ではなく，違うから分ける，ということではなくして，何かのために分類する，ということだろう。

種々の分類　［カネ：モノ］という分類は重要ではないのか。やはり重要，とする場合にも［貨幣性資産：非貨幣性資産］とすべきか，あるいは［貨幣性資産：費用性資産］とすべきか。「カネ」と「モノ」の意味するものは何か。「モノ」は「物」なのか。「カネ」に非ざるものが「モノ」なのか。「カネ」は例えば現金およびすぐに現金となるものであって，それ以外のものが「モノ」なのか。前出の「経済学のシェーマ……を無造作にそのまま会計学の世界に持ち込んでしまったことに，そもそもの問題がある」とする向きは資産2分類論をもって批判し，「第3の資産カテゴリーの必要性」[41] をもって唱えているが，これをどう捉えるか。

［貨幣性資産：非貨幣性資産］とすべきか，あるいは［貨幣性資産：費用性資産］とすべきか，と問うてみる場合にも例えば「貨幣性資産」等の意味は決して一様ではない。

［貨幣性資産：非貨幣性資産］については例えばアメリカ会計学会（American Accounting Association）（AAA）の1957年版の会計基準（Accounting and Reporting Standards for Corporate Financial Statements（1957 Revision））が引き合いに出される。

41　笠井「貨幣性資産・費用性資産分類論の総合的検討」39頁。

「資産とは,特定の会計的実体の中で企業の諸目的に充用されている経済的諸財 (economic resources) である。資産は予想される業務活動に利用しうるあるいは役立ちうる,用役潜在分 (service-potentials) の総計額である」[42]。

「資産の価値はその用役潜在分の貨幣等価額である。概念上は,このような貨幣等価額とは,その資産が生み出す用役のすべての流れの将来の市場価格を確率と利子率とによって現在価値に割引いたものの合計額である。しかし,価値をこのように考えることは抽象化であり……資産の金額の決定は通常,他の,もっと実際的な諸方法によって行われる」[43]。

「貨幣的資産 (monetary assets)——現金もしくは現金請求権——は,現金受領予想額で,取立の遅延が相当期間にわたる場合にはそれについて修正を行ったうえで,これによって表示すべきである。……いずれの場合にも,貨幣的資産の金額は,取立が認識可能で,金額的に把握可能でまた相当に確実であること,および,現金を入手しうることを基礎として決定されるべきである」[44]。

「非貨幣的資産 (non-monetary assets)——棚卸資産,工場設備資産,長期的投資 (long-term investments) および繰延項目一般——は,貨幣的資産ほどには,正確な金額的把握を期待しえない。この種の資産は通常は取得原価 (acquisition cost)

---

[42] アメリカ会計学会／中島省吾（訳編）『A. A. A. 会計原則（増補版）』1964年, 54, 194~195頁。
[43] 同上, 195~196頁。
[44] 同上, 55, 196頁。

あるいはそれより派生する，なんらかの額で表示される」[45]。

図4　資産の分類（AAA）

```
　　　┌─貨幣性資産　──　例；現金および現金請求権
資産─┤
　　　└─非貨幣性資産　──　例；棚卸資産，工場設備資産，長期的
　　　　　　　　　　　　　　　　投資，および繰延項目
```

しかし，如上の分類については「ここでいう貨幣資産は，現金または貨幣請求権に限定されるため，非貨幣資産の中には費用性資産のほかに，たとえば長期投資などが含まれ……理論的には貨幣性資産（非費用性資産）と費用性資産とに分類するほうがよい」[46] として［貨幣性資産：費用性資産］に軍配を挙げる向きがあり，また，この向きは［貨幣性資産：費用性資産］を［現金および将来の現金：将来の費用］として捉えているが，「たとえば長期投資などが含まれ」ていることの「理論的」な問題点は明示されていない[47]。「長期投資」を非貨幣性資産とすることの何が問題なのだろうか。

ここで筆者が主観的に最も高評価するテキストを参照してみたい。「論理展開の厳密さは他著の追随を許さない」と評され，あるいは「他著ではほとんど触れられていない点まで事細かに言及され，卓越した見識が示されている」と評される嶌村剛雄等によ

---

45 同上，55，196頁。
46 中村『新稿　現代会計学（9訂版）』228頁（（　）書きは原文）。
47 同上，228頁。

るこのテキスト[48]は回収形態ないし投下待機形態にあるものを貨幣性資産，投下形態にあるものを非貨幣性資産とし，図5のような分類を示している[49]。

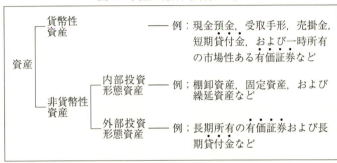

図5　資産の分類（嶌村ほか）

なお，前出の「経済学のシェーマ……を無造作にそのまま会計学の世界に持ち込んでしまったことに，そもそもの問題がある」とする向きは，これは［貨幣性資産：非貨幣性資産］ではなく［貨幣性資産：費用性資産］を前提として述べているものの，「貸付金……については，［G－W－G'］に基づく貨幣性資産概念では説明できない」[50]とし，「そうかと言って，費用性資産とも言えないであろう。そうであれば，貸付金……は，貨幣性資産でも費用性資産でも説明され得なくなってしま」[51]うとしている

48　友岡『会計と会計学のレーゾン・デートル』190頁。
49　山桝忠恕，嶌村剛雄『体系財務諸表論　理論篇（4訂版）』1992年，244～245頁。
50　笠井「貨幣性資産・費用性資産分類論の総合的検討」14頁。
51　同上，15頁。

が，それはさて措き，この嶌村等のテキストにおいては長期投資は（外部投資形態の）非貨幣性資産であることが明示され，また，貸付金は短期と長期が峻別され，貨幣性資産と非貨幣性資産に分けられている。やはり，先述のように，「カネ」は現金およびすぐに現金となるものであって，それ以外のものが「モノ」なのか。

次に第1章にて取り上げられた代表的なテキストをサーベイしてみよう。なお，第1章にあってはいずれも初版が用いられたが，本章においてはいずれも最新版が用いられる。テキストのなかには版によって（文章表現の類いばかりか）分類の仕方自体が改められているものもある[52]からである。

まず飯野利夫著は「未投下資本および回収済の投下待機資本を貨幣性資産といい……未回収の投下資本が非貨幣性資産とよばれ……非貨幣性資産には……将来費用となる費用性資産と……直接，損益に関係のないものがある」[53]として図6のような分類を示している[54]。

---

[52] 下記のものを参照。
友岡賛『歴史にふれる会計学』1996年，191頁。
友岡『会計学原理』155〜156頁。
[53] 飯野利夫『財務会計論（3訂版）』1993年，3-2頁。
[54] 同上，3-2〜3-3頁。

図6 資産の分類（飯野）

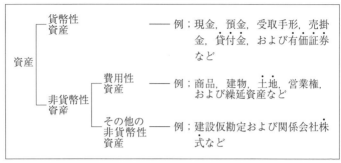

　広瀬義州著は「貨幣・費用性分類のもとで，土地は費用化するわけではないので貨幣性資産ということになるが，そうでないことは自明であり……したがって，貨幣・費用性分類は資産の分類基準として不適当であるので……貨幣・非貨幣分類を採用し」[55]，「売買の対象（損益計算の対象）にはならない資産」[56]を貨幣性資産，それ以外のものを非貨幣性資産とし[57]，また，貨幣性資産は支払い手段であって支払い手段は売買の対象とはならず，したがって，有価証券は貨幣性資産に非ず，として図7のような分類を示している[58]。

55　広瀬義州『財務会計（第13版）』2015年，165頁。
56　同上，165頁（（　）書きは原文）。
57　なお，「貨幣性資産とは企業の正常営業取引過程において売買の対象となりえない資産であるといえ，それ以外が非貨幣性資産である」（同上，166頁）ともされているが，この場合には土地を含む固定資産が貨幣性資産となってしまうかもしれない。
58　同上，165～166頁。

図7 資産の分類（広瀬）

伊藤邦雄著は「近い将来に回収されて支払手段となる資産……を「貨幣性資産」といい，それ以外の資産を「非貨幣性資産」という。……非貨幣性資産は，将来，費用となる資産と，それ以外の資産に分類され……前者は「費用性資産」，後者は「非償却性資産」という」[59]として図8のような分類を示している[60]。

図8 資産の分類（伊藤）

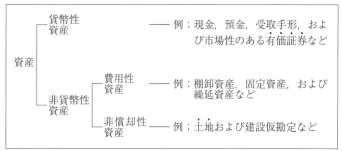

桜井久勝著は「販売を経て事業投資の回収過程にある項目，および余剰資金の運用としての保有株式や貸付金など，最終的に収

---

[59] 伊藤邦雄『新・現代会計入門（第3版）』2018年，208頁。
[60] 同上，208頁。

入となって貨幣を増加させる資産」[61] を貨幣性資産,「生産・販売を経て最終的に費用となる項目」[62] を費用性資産とし, **図9**のような分類を示している[63]。

図9 資産の分類（桜井）

```
        ┌ 貨幣性資産 ── 例；受取手形, 売掛金, 有価証券, お
資産    │                       よび貸付金など
        └ 費用性資産 ── 例；商品および機械など
```

理論的混乱？ 以上の諸説についてまとめてみると**表1**のようになる。有価証券はこれを貨幣性資産とする向きもあれば, 非貨幣性資産とする向きもある。「土地は費用化するわけではない」とされ, あるいは土地のために非償却性資産というカテゴリーを用意する向きもあれば, 土地を費用性資産とする向きもある（ちなみに, 飯野著は初版にあっては［貨幣性資産：費用性資産］という2分法において土地は費用性資産とされ, 改訂後は［貨幣性資産：非貨幣性資産］とした上でもって非貨幣性資産について［費用性資産：その他の非貨幣性資産］としつつ, 依然, 土地は費用性資産とされ, ちなみにまた, 筆者も土地を費用性資産としている[64]）。

---

61 桜井久勝『財務会計講義（第19版）』2018年, 78頁。
62 同上, 78頁。
63 同上, 78頁。
64 下記のものを参照。
　　友岡『歴史にふれる会計学』186〜191頁。
　　友岡『会計学原理』155〜159頁。

表1　見解が分かれる項目の分類

有価証券	アンソニーほか；貨幣性資産 ＡＡＡ；長期は非貨幣性資産 嶌村ほか；短期は貨幣性資産，長期は非貨幣性資産 飯野；貨幣性資産，関係会社株式は費用性資産以外の非貨幣性資産 広瀬；非貨幣性資産 伊藤；短期は貨幣性資産 桜井；貨幣性資産
貸　付　金	嶌村ほか；短期は貨幣性資産，長期は非貨幣性資産 飯野；貨幣性資産 桜井；貨幣性資産
土　　　地	飯野；非貨幣性資産のなかの費用性資産 広瀬；非貨幣性資産 伊藤；非貨幣性資産のなかの非償却性資産

　以上，資産の分類についてはかなり多様な解釈をみることができ，これを否定的に捉えるならば，「理論的混乱」[65]ということもでき，その原因は〔貨幣性資産：非貨幣性資産〕ないし〔貨幣性資産：費用性資産〕という２分法において「いわば無理矢理に貨幣性資産（ないし非貨幣性資産ないし費用性資産）に帰属させ」[66]ようとしているところにある，ともされようが，しかしながら，筆者の関心は「理論的混乱」の解消にはなく，「理論的混乱」，もとい「多様な解釈」をもたらす２分法にこそ，「会計学の考え方」の何かを看取したい。

　本章における筆者の仕事は理論的整合性とやらの追求ではなく，

65　笠井「貨幣性資産・費用性資産分類論の総合的検討」38頁。
66　同上，39頁。

会計学業界の住人たちがこれまで考えてきたこと,あるいは考えていることを通じて「会計学の考え方」を考えることにある。したがって,「理論的混乱」ないし理論的整合性の不在もまた,筆者の関心からすれば,「会計学の考え方」の一部を構成する。

ちなみにまた,2分法は「この分類では捉えられない資産の存在,すなわち,この分類からは漏れてしまう例外的な資産の存在をもって,その意義が否定されてしかるべきなのだろうか。たとえば漏れ・例外のない三分法と漏れ・例外のある二分法を較べた場合,前者は当然に後者に優るのだろうか。……一元論を構築したい,という学者の色気……をもって是とするものでもないが,しかしまた,漏れがあっても一元論にはやはり意義があり,漏れはあっても三元論は九元論に優るという気もする」[67]。

閑話休題。もっとも非貨幣性資産について［内部投資形態資産：外部投資形態資産］ないし［費用性資産：その他の非貨幣性資産］ないし［費用性資産：非償却性資産］とするのは結局は3分法ではないか,ともされようが,本章の関心はその前の,まずもってなされる［貨幣性資産：非貨幣性資産］という2分法にあり,あるいは［貨幣性資産：費用性資産］という2分法にある。

既述のように「無造作にそのまま会計学の世界に持ち込んでしまったことに,そもそもの問題がある」として如上の2分法に「理論的混乱」を指摘する向きは「資産には,待機分資産,充用

---

[67] 友岡『会計学原理』159頁。

分資産,そして派遣分資産というみっつのカテゴリーが」[68] あるとする3分法[69] をもって「理論的混乱」を解消しているが,これはまずもってなされる［貨幣性資産：非貨幣性資産］,あるいは［貨幣性資産：費用性資産］を前提とするものではなく[70],したがって,筆者の関心の埒外にある。

分類の意義（meaning, あるいはsignificance）

そもそも分類とは何か。

既述のように,違うから分ける,というのは違うと思う。違うものを一緒にするのもまた分類だろう。例えば［2分法 → 3分法］が良化のこともあれば,［3分法 → 2分法］が良化のこともあろう。

「「分けること」と「集めること」は,一つの行為の表と裏を見ているだけのことで,別々のことではない」[71]。

そもそも分類とは何か。

「分類のもともとの意味は,「似たものに分けること」であ

---

68 笠井昭次『現代日本会計学説批判――評価論に関する類型論的検討［第4巻］』2010年,84頁。
69 下掲の図のような分類である。

図　資産の分類（笠井）

```
          ┌─ 待機分資産 ──── 例；現金
    資産 ─┼─ 充用分資産 ──── 例；商品,機械,および建物など
          └─ 派遣分資産 ──── 例；売掛金,貸付金,および有価証券
                                  など
```

70 笠井昭次『現代日本会計学説批判――評価論に関する類型論的検討［第2巻］』2010年,37頁。
　　笠井『現代日本会計学説批判［第4巻］』84頁。
71 吉田政幸『分類学からの出発――プラトンからコンピュータへ』1993年,vi頁。

る」[72]。ただし、「集めれば似たもの同士ごとに区分されて他と分かれるし、分ければそこに似たものの集まりが生じるように、「分けること」と「集めること」は、一つの行為の表と裏を見ているだけのことで、別々のことではない。……同じ行為だといってよい」[73] とされる。

ただしまた、「分類における種類とは、類似しているものの集まりではなく、完全に共通なものの集まりである」[74] が、しかし、「種類とは、ある点において共通なものの集まりであり、必ずしもすべての点において共通でなくともよい」[75] ともされる。

分類の目的は何か。

より良く知るために、より良く分ける、といったことか。「「わかる」ために分ける」[76] ともいわれる。

「分類の歴史は、人類の「知」の歴史である」[77] とも、「「知」の歴史というのは、分類との格闘の歴史でもあった」[78] ともされる。「体系化することと分類することは表裏一体の知的操作」[79] だからである。あるいは「学問と芸術とどこが異なるかといえば、学問は論理的な分類を援用するが、芸術は分類なしに創作できるという差異がある。この区別法から見ると、学問のような顔をした論理でも、分類がなく、あるいは体系をなさないような分類を

---

[72] 同上、v頁。
[73] 同上、vi頁。
[74] 八馬高明『理論分類学の曙』1987年、23頁。
[75] 同上、22頁。
[76] 坂本賢三『「分ける」こと「わかる」こと』2006年、55頁。
[77] 久我勝利『知の分類史——常識としての博物学』2007年、17頁。
[78] 同上、18頁。
[79] 同上、18頁。

使った理論は，学問というより芸術の中に入れた方がよいだろう」[80] ともされる。

要するに，「体系化」なのか。

資産の分類の意義
(significance)

そもそも [G → W → G'] は経済学からの借り物だから，[G → W → G'] に拘るのは会計学の拘りではない，ともされようが，しかし，たとい借り物だろうが，拘りは拘りである。

会計学の拘りに拘る筆者は収益費用アプローチ，取得原価主義，および名目資本維持などに拘ってきた。もっとも収益費用アプローチについては，一般にこれと vs. の関係にあるものとされるアプローチが，少なくとも日本においては，「悪名高い資産負債アプローチ」[81] などともされており，何も筆者が拘らなくてもよいかもしれないが，他方，[G → W → G'] には暫く拘ってみたい。

とはいえ，ところで，いまさらながら，[G → W → G'] による [貨幣性資産：非貨幣性資産] ないし [貨幣性資産：費用性資産] の意義 (significance) は何か。別言すれば，この手の分類の目的は何か。

財務流動性の観点からする [流動資産：固定資産：繰延資産] という分類であれば，企業の支払い能力を知ることができる，と

---

80 中尾佐助『分類の発想——思考のルールをつくる』1990 年，7 頁。
81 西川郁夫『会計基準の考え方——学生と語る 23 日』2018 年，1 頁。

いった意義がすぐに認められよう[82]が，［貨幣性資産：非貨幣性資産］ないし［貨幣性資産：費用性資産］の意義は何か。

前出の，貨幣性資産は公正価値，非貨幣性資産は取得原価，といった評価基準の仕分けが目的か。あるいは［G → W → G'］の「→ G'」に収益の認識，すなわち収益の実現をみようとしているのか。財ないし用役の引き渡しとその対価の受け取り，といった取引事実の存在をもって収益実現の要件とし，財ないし用役の引き渡しとその対価の受け取り，といった取引事実の存在をもって収益を認識する，といった行き方において「→ G'」を実現とし，すなわち，貨幣性資産の受け取りをもって実現の要件に適う「対価の受け取り」とするのか。しかし，これについては議論百出である[83]。

「議論百出」は「理論的混乱」か。しかしながら，議論百出にせよ理論的混乱にせよ，「会計学の考え方」を考える材料としては洵に面白い。

---

[82] 「財務流動性」と「支払い能力」は同義とされるならば，同語反復とされるかもしれないが。

[83] 友岡『会計学原理』125〜134頁。

事業の言語の種々の方言

ときに会計は言語に擬えられ、「事業の言語」とも称されるが、そうした事業の言語には方言があるともされ、財務会計や管理会計などといった方言について云々することは会計の分類をもって整理することにほかならない。

こうしたことについて思量する。

「事業の言語」の譬喩　*129*
原価計算という方言　*130*
方言の整理　*132*
制度会計　*138*
［外部報告会計 ＝ 財務会計］
　という捉え方　*146*
その他の方言　*149*

5 章

「事業の言語」の譬喩

ときに会計は言語に擬えられ、ときに「第1の会計の本質的な性格は、それが「事業の言語」(language of business) だということである」[1]とまでもいわれる。あるいはまた、「会計を理解するには「事業の言語」はいくつかの「方言」からなっているという捉え方をするのが最も適当である、と考える」[2]向きは「そのように捉えた上で財務会計、原価会計、税務会計、法定会計 (statutory accounting) 等を方言に擬えている」[3]。

ただし、こうした「擬え」についてはこれを批判する向きもある。

些か興味深いことには1979年、すなわち約40年前に上梓された或る書においては「「会計とは何か」……に対しては〈事業の言語〉だと答える考え方がさかんになってきた」[4]とされ、また、その四半世紀後、2004年刊の或る書にあっても「近年は以前にもまして、会計の言語性が喧伝される」[5]とされ[6]、しかも、しかしながら、前者においては「事業の言語といっても、単なる譬

---

1 伊藤邦雄『新・現代会計入門(第3版)』2018年、42頁(( )書きは原文)。
2 トーマス A. キング／友岡賛(訳)『歴史に学ぶ会計の「なぜ？」——アメリカ会計史入門』2014年、9頁。
3 同上、9頁(( )書きは原文)。
4 伊崎義憲『会計学論考』1979年、12頁。
5 全在紋『会計言語論の基礎』2004年、「はしがき」1頁。
6 あるいは「会計を一種の言語とみる考えは……今では斯界の定説になっているとさえいえる」(長谷川茂「会計と社会言語的特性」飯野利夫先生喜寿記念論文集刊行会(編)『財務会計の研究——飯野利夫先生喜寿記念論文集』1995年、87頁)。

喩に終らせてしまってはならない」[7]とされ，また，後者にあっても「たいていは……表層的……皮相な譬えにとどまっている」[8]とされており，このように皮相な譬喩に終始することをもって案ずる向きは「会計を言語とみる見方は〈会計言語説〉とよばれ……「会計とは何か」を明らかにしていくうえできわめてすぐれている」[9]といった認識の下，フェルディナン・ド・ソシュール（Ferdinand de Saussure）のそれを首めとする言語学の諸説を援用し，「言語一般の本質をかえりみての」[10]会計言語説をもって展開している[11]。

ただし，こうした難しい話は本章の埒外に置かれ，本章は皮相な譬喩に止まる。

原価計算という方言　　さて，前出の種々の会計をもって「事業の言語」の「方言」として捉える向き，すなわちトーマス A．キング（Thomas A. King）は次のように述べている。

「三つ目の「方言」である原価計算は経営者がことが目論見どおりに行われるようにするのを助ける。企業は外部利用者

7　伊崎『会計学論考』12頁。
8　全『会計言語論の基礎』「はしがき」1頁。
9　伊崎『会計学論考』12頁。
10　全『会計言語論の基礎』「はしがき」1頁。
11　例えば下記のものを参照。
　　伊崎『会計学論考』第2章。
　　全『会計言語論の基礎』。

のために財務会計，税務会計，および規制会計（regulatory accounting）の報告書を作成し，他方，原価計算の報告は意思決定を行う経営者を支援する。近年，原価計算という用語は管理会計という用語に取って代わられてきている」[12][13]。

　要するに，［原価計算 ≒ 管理会計］ないし［原価計算 ⊂ 管理会計］といったことだが，どうしてこのような捉え方がなされるのだろうか。

　製造業の企業における利益計算（費用計算）は原価計算からもたらされる情報なくしてはこれを行うことができず，したがって，製造業の企業における財務会計は原価計算からもたらされる情報なくしてはこれを行うことができず，したがって，原価計算は何も管理会計のためにのみあるものではなく，原価計算は財務会計にも管理会計にも情報を提供している。しかし，それにも拘らず，概して原価計算は管理会計と重ね合わせて捉えられ，原価計算は管理会計の一部として捉えられ，原価計算論と管理会計論についても同様のことが認められる。大学の授業にあっても，「簿記論」といった科目は財務会計論の教員も管理会計論の教員も同様に担当する[14]が，しかし，「原価計算論」の類いは専ら管理会計論の教員が担当する。どうしてだろうか。

　これは「財務会計と管理会計はいずれが先にあったのか」[15] と

12　キング／友岡（訳）『歴史に学ぶ会計の「なぜ？」』74頁。
13　なお，訳語の「原価会計」と「原価計算」は同義に用いられている。
14　筆者は「簿記論」の類いを担当したことがないが。
15　第1章。

いう問いとも重なるだろう。むろん，この問いの答えは「管理会計」の定義の仕方に依存するだろうし，一般的な理解は，財務会計が先，とするものだろうが，ただし，他人資本の生成や資本と経営の分離があってこそ財務会計はあり，他人資本の生成や資本と経営の分離がなくとも管理会計はあった，とすれば，管理会計が先にあり[16]，したがって，そのかみにおいて行われていた原価計算は管理会計と共にあり，管理会計のためにあった，とも解しえよう。

また，種々ある会計の分類になかにあって最も一般的な分類はこれが［財務会計：管理会計］という分類であることは言を俟たないだろうが，［原価計算 ≒ 管理会計］ないし［原価計算 ⊂ 管理会計］とされようとも，やはり［財務会計：管理会計］であって，［財務会計：原価計算］ではない。なおまた，管理会計が先にあり，とあえて異説を唱えつつも，しかし，［管理会計：財務会計］とはせずに［財務会計：管理会計］とするのはやはり心のどこかに［会計 ≒ 財務会計］といった思いが潜伏しているからか。

方言の整理 　前出の「方言」の譬喩を用いるキングは**図1**のように会計の方言を整理している。

---

[16] 友岡賛『会計と会計学のレーゾン・デートル』2018年，198〜199頁。

第5章　事業の言語の種々の方言　*133*

図1　会計の分類（キング）

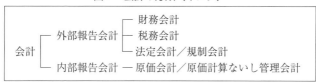

　各会計の意味を確認してみると，各会計の名称はその多くが「○○のための会計」と読むことができよう。

　すなわち「財務会計（financial accounting）」は「財務(ファイナンス)のための会計」，「税務会計（tax accounting）」は「税務(タックス)のための会計」，「規制会計（regulatory accounting）」は「規制(レギュレーション)のための会計」，「管理会計（management accounting）」は「管理(マネージメント)のための会計」と読むことができ，「財務のための会計」はまずは例えば「資金調達のための会計」と換言することができようが，次の「税務のための会計」はどういう意味か。

　「税務」は一般に，租税の賦課や徴収に関する行政事務，といったように定義され，「税務のための会計」は例えば「徴税のための会計」と換言しうるかもしれないが，果たしてそうか。ただしまた，「○○のための会計」にも二通りの意味，すなわち［○○をする者 ＝ 会計をする者］といった意味の場合と［○○をする者 ≠ 会計をする者］ないし［○○をされる者 ＝ 会計をする者］といった意味の場合があろう。「財務のための会計」の場合は［財務（資金調達）をする者 ＝ 会計をする者］となろうが，「税務会計」についてはどうか。「徴税のための会計」ということなら，［徴税をする者 ≠ 会計をする者］にして［徴税をされる者 ＝ 会計をする者］ということになろうが，［税務 ⊂ 行政事

務]ということはこれをさて措き,「納税のための会計」ということなら, [納税をする者 ＝ 会計をする者] ということになろう。

というわけで,「税務会計」の定義をいくつかサーベイしてみよう。

> 「税務会計は, 課税の基準となる課税所得の計算や課税価額の評価など課税ベース（課税標準）の決定を目的とする会計である。会計的測定方法によって確定される課税標準を算定把握するために財務的情報の測定と伝達を果たす租税目的の会計が, 税務会計なのである」[17]。

「租税目的(のため)の会計」とされても,「徴税目的(のため)」なのか,「納税目的(のため)」なのか, いま一つ判然しない。

> 「税務会計とは法人税法上の課税所得を計算するための会計であり, 一般的には制度会計の一類型と理解されている」[18]。

制度会計とは何か, という問題は後回しにするが, こうした [税務会計 ⊂ 制度会計] という位置付けについては以下のように否定的な見解もある。

---

17 富岡幸雄『税務会計学講義（新版第3版）』2013年, 2頁（(　) 書きは原文）。
18 成道秀雄「総説」成道秀雄（編著）『税務会計論（新版第3版）』2011年, 1頁。

> 「税務会計……は,法人税法上の課税所得を計算するための会計である,と定義づけることができる。しかし,税務会計は,制度会計(商法会計,証券取引法会計のような法的に強制される会計)ではない。企業会計によって算定された利益を税法の要請から修正・加工する会計である」[19]。

閑話休題。次の定義においては「○○のための」がはっきりと示されている。

> 「税務会計とは,主として,企業が税務当局へ課税所得および税額を申告するための会計(Accounting for Tax Authorities)をいう。課税所得および税額の計算の規定は,法人税法等の税法に定められており,税務会計は税法計算規定に基づいて行われる会計ということができる」[20]。

この定義は「納税のための会計」を意味しており,[企業 = 納税をする者 = 会計をする者]ということが明示されている。「○○のための会計」について,可及的に[○○をする者 = 会計をする者]に揃えたいなら,この方がよいだろう。「財務のための会計」の場合は[資金調達をする者 = 会計をする者],「税務のための会計」の場合は[納税をする者 = 会計をする者]と

---

[19] 武田昌輔『新講 税務会計通論(最新版)』1995年,1頁(( )書きは原文)。
[20] 中田信正『税務会計要論(新訂第2版)』2015年,3頁(( )書きは原文)。

揃えばすっきりするが, しかし, その次に「規制のための会計」が出てきてしまう。

保険業を首めとする特定の被規制事業を対象とする[21]この会計は「規制者が資本の十分性を監視するための法定会計」[22]とされ, すなわち「statutory accounting (法定会計)」と「regulatory accounting (規制会計)」は同義に用いられており[23], この「法定会計」という呼称は「法に定められた会計」であって「○○のための会計」の範疇からは漏れ, また, 「法に定められた会計」は一見, 制度会計と見紛われようが, そうではない。他方, 「規制会計」は「規制(監視)のための会計」であって「○○のための会計」の範疇には収まるが, ただし, この場合は[規制をする者 ≠ 会計をする者]にして[規制をされる者 = 会計をする者]であって, すっきりと揃わなくなる。

図1の分類における最後の方言をみてみれば, 「原価会計(cost accounting)」は「原価(コスト)についての会計」といった換言しかできないが, 「管理会計」は「管理(マネージメント)のための会計」であってこれは「○○のための会計」の範疇に収まる。ただし, [管理をする者 = 会計をする者]か, それとも[管理をする者 ≠ 会計をする者]か。

[管理会計 ⊂ 内部報告会計]ということに留意し, 企業内部にあって管理をされる下位者(従業員)が上位者(経営者)に報告

---

[21] キング／友岡(訳)『歴史に学ぶ会計の「なぜ?」』19, 121〜122, 125頁。

[22] 同上, 334頁。

[23] Thomas A. King, *More Than a Numbers Game: A Brief History of Accounting*, 2006, p. 240.

する会計，といったように捉える場合には［管理をする者 ≠ 会計をする者］にして［管理をされる者 ＝ 会計をする者］とされよう[24]が，他方，企業とその経営者を一体的に捉え，また，「内部報告」を自身から自身への報告と捉え，経営者が行う「管理のための会計」はこれが，事前には，ちゃんとした経営(マネージメント)を行うための情報を得るため，事後には，ちゃんとした経営を行うことができているかどうかを知るための情報を得るために行われる，と捉えることもでき，この場合には［管理をする者 ＝ 会計をする者］ということになろう。

図1に示された分類は，それぞれの方言による報告先（情報の提供先）による分類，ということであって，財務会計の報告先は資金提供者，税務会計の報告先は徴税当局，規制会計の報告先は規制当局，管理会計の報告先は経営者ということになり，**図1**に示された分類にもとづく以上の云々は，これを可及的にすっきりとした捉え方に揃えると，**表1**のようにまとめられよう。

表1　会計の分類

	○○のため	会計を行う者	会計の報告先	
財務会計	企業による資金調達のため	企業	資金提供者	外部者
税務会計	企業による納税のため	企業	徴税当局	
規制会計	規制当局による規制のため	企業	規制当局	
管理会計	経営者による管理（経営）のため	経営者	経営者	内部者

---

[24] 友岡賛『会計学原理』2012年，91頁。

なお，以上のキングの方言論にあって税務会計はこれが財務会計とは別物とされていることに（のちのちのために）留意しておきたい。

制度会計　　制度会計が後回しになっていた。

「この……名称ないし概念は日本独特のものといってよい」[25] とされる「制度会計」をタイトルに含む書をもって何冊かサーベイしてみよう。

「会計は，社会制度として，近代法の体系に組み込まれた公認の規則である。すなわち制度会計は，その果たす機能が広範囲に及んでいる。わが国における制度会計は，商法，証取法および税法からなるトライアングル・システムズで構成する」[26]。

どうして「会計は規則」なのか，どうして「すなわち」なのか，よく分からない。

また，「会計制度の全体を統括する上位概念として……制度会計を構想しようとする」[27] 向きは「制度会計を法律や規則に準拠して行なわれる会計と定義」[28] し，次のように述べている。

25　同上，38頁。
26　濱田弘作，斎藤幹朗，佐々木昭久『制度会計原理』1996年，3頁。
27　若杉明『制度会計論』1987年，「序」1頁。
28　同上，101頁。

> 「制度会計は法制度に組込まれていて，その一部を構成するものであると解し，制度会計における制度は法制度を意味するものとするのが妥当であろう」[29]。
> 「制度会計はこれを律する法規の目的や基本理念を実現するための一環として実施される」[30]。

　さらにまた，「会計情報の中心となる財務諸表の作成……を規制しているのが，商法，証券取引法そして税法という法律で……この法体系との関わりにおいて機能している会計を制度会計という」[31] としつつ，［制度会計：情報会計］という2分法を採用し，その上，「ある会計」と「あるべき会計」という概念をもって次のように説く向きもある。

> 「ASOBAT[32] に代表される情報利用者指向的会計は，法体系による制約を受けない会計であり，その意味では，これを「あるべき会計」ということができ……これに対して，制度会計は……法体系との関わりにおいて機能する会計であり，これを「ある会計」という」[33]。
> 「「あるべき会計」と「ある会計」という両会計すなわち情報利用者指向的会計と制度会計は，相互補完的に作用しあうこ

29　同上，100頁。
30　同上，「序」1頁。
31　興津裕康『現代制度会計（改訂版）』1999年，「序文」1頁。
32　友岡賛『会計学の基本問題』2016年，189〜195頁。
33　興津『現代制度会計（改訂版）』2頁。

とにより会計の発展に大きく貢献することができる」[34]。

なお，如上の［制度会計：情報会計］という2分法の代表的な主張者は，けだし，武田隆二[35]だろうが，その武田は「制度」概念の多義性を検討[36]の上，「狭義の制度会計」[37]について「制度会計という場合の「制度」の概念を法律制度と規定するならば，制度会計は法律制度の枠組みのなかで営まれる会計行為一般を指すことになる」[38]としている。

以上をもって踏まえ，整理してみれば，「制度」概念には広狭，種々のものがあるが，「制度会計」の「制度」は一般に狭義のものであって，すなわち「法制度」を意味するとされ，ちなみに，「その英訳は何かといえば，直訳的に「institutional accounting」などとする向きもなくはないものの，「legal financial accounting」と意訳したほうが適当とされ」[39]，これを日本語に訳し戻してみれば，「法に則って行われる財務会計」[40]となり，まずは**表2**のように位置付けられることとなる。

---

[34] 同上，2頁。
[35] 友岡『会計学原理』41〜42頁。
友岡『会計学の基本問題』187〜189頁。
[36] 武田隆二『制度会計論』1982年，4〜16頁。
[37] 同上，17頁。
[38] 同上，21頁。
[39] 友岡『会計学原理』39〜40頁。
[40] 「財務会計には，法律制度の一環として，その規制のもとに行われる会計とそれ以外の会計とがある。前者は一般に制度会計とよばれる」（飯野利夫『財務会計論（3訂版）』1993年，1-11頁）。

表2 [財務会計：管理会計] と制度会計の位置付け

財務会計	制度会計	会社法会計（かつては商法会計）
		金融商品取引法会計（かつては証券取引法会計）
		税法会計／税務会計
	非制度会計／情報会計	
管理会計		

（先出のキングの方言論にあって税務会計はこれが財務会計とは別物とされていたことはさて措くとしても）しかしながら，これは，むろん，「財務会計」の定義の仕方によるが，先述のように「資金調達のための会計」とした場合には**表2**の整理に問題が見出される。税務会計はこれを「資金調達のための会計」と捉えることに疑義が生ずるからである。

しからば，[財務会計：管理会計]に代えて[外部報告会計：内部報告会計]の分類を用いればよいか。「外部報告会計」は「external reporting accounting」ないし「accounting for external reporting」と訳されようが，「legal accounting for external reporting」には些か違和感がある[41]ため，「legal external reporting accounting」，すなわち「法に則って行われる外部報告会計」が制度会計とされようか。

---

[41] 「legal accounting for external reporting」は「外部報告のためのlegal accounting」とも捉えられ，legal accountingという範疇のなかに外部報告のためのlegal accountingと内部報告のためのlegal accountingがあるようにも解されてしまう。

表3 [外部報告会計:内部報告会計]と制度会計の位置付け

外部報告会計	制度会計	会社法会計(かつては商法会計)
		金融商品取引法会計(かつては証券取引法会計)
		税法会計/税務会計
	非制度会計/情報会計	
内部報告会計		

しかしながら,「税務会計」を「納税のための会計」ではなくして「徴税のための会計」としてみてはどうか。[徴税をする者 ≠ 会計をする者]にして[徴税をされる者 = 会計をする者]となってしまい,[○○をする者 = 会計をする者]に揃えることはできなくなってしまうとはいえ,徴税はこれすなわち国等の資金調達であって,[徴税のための会計 ⊂ 資金調達のための会計],すなわち[税務会計 ⊂ 財務会計]と捉えることもでき,規制会計の位置付けも考慮すれば,**表4**および**表5**のようにまとめられようが,あるいは些か無理があるともされようか[42]。

表4 会計の分類

	○○のため	会計を行う者	会計の報告先	
財務会計	~~企業による~~資金調達のため	企業	資金提供者	外部者
~~税務会計~~	~~企業による納税のため~~	企業	徴税当局	
規制会計	規制当局による規制のため	企業	規制当局	
管理会計	経営者による管理(経営)のため	経営者	経営者	内部者

---

[42] なお,いまさらながら,筆者の考える「会計」はかなり狭義の,おそらくは最狭義の「会計」であって,したがって,そもそも税務会計のごときは「会計」の範疇には入らないが,本章にあってはそうした私見はさて措かれる。

表5 制度会計の位置付け

	広義の制度(法制度)会計 (legal accounting)	規制会計	
財務会計		狭義の制度(法制度)会計 (legal financial account-ing)	会社法会計
			金融商品取引法会計
			税法会計／税務会計
	非制度会計／情報会計		
管理会計			

もっとも財務会計の「財務」を「資金調達」に限ることなく,より広義に「資金の調達および保存維持」といったように捉え,キャッシュ・アウトフローを伴う納税はこれも「財務」に含めれば,**表6**および**表5**のようにまとめられよう。

表6 会計の分類

	○○のため	会計を行う者	会計の報告先	
財務会計	企業による資金の調達および保存維持のため	企業	資金提供者 徴税当局	外部者
規制会計	規制当局による規制のため	企業	規制当局	
管理会計	経営者による管理(経営)のため	経営者	経営者	内部者

表7 「財務」概念の広狭と財務会計の意義

「財務」	財務会計
最狭義	狭義の資金調達,すなわち自己資本の調達のための会計
狭義	広義の資金調達,すなわち自己資本および他人資本の調達のための会計
広義	資金(資本)の調達および保存維持のための会計
最広義	資金(資本)の調達および運用のための会計

ちなみに,「財務」概念の解し方による種々の財務会計は**表7**のようにまとめられよう [43] [44] が,それはさて措き,以上の云々をまとめると**表8**のようになる。

表8 会計の種々の分類の関係

外部報告会計	財務会計	広義の制度（法制度）会計（legal accounting）	規制会計	
			狭義の制度（法制度）会計（legal financial accounting）	会社法会計
				金融商品取引法会計
				税法会計／税務会計
		非制度会計／情報会計		
内部報告会計	管理会計			

些か附言しておきたい。

まず,［制度会計：情報会計］と［財務会計：管理会計］の関係については「管理会計……も情報利用者指向的会計として位置づけられる。……制度会計を……情報利用者指向的会計と対置させて考える会計学の考え方は,これまでに見られた財務会計と管理会計という2つの領域を再編成して考えようとする意図をもっ

---

43 友岡『会計学原理』29〜31頁。
 友岡『会計と会計学のレーゾン・デートル』201〜203頁。
44 なお,最広義の「財務」会計は財務会計と管理会計の統合を意味し,［会計 = 財務会計］を意味する（同上,201〜203頁）が,ちなみにまた,これとは逆に［会計 = 管理会計］とも解される捉え方をする向きもあり,「会計は根本的に経営管理機能しか持ちえないとさえいえる」（三代澤経人『会計過程論』2005年,157頁）とするこの向きについては注記**56**を併せみよ。

ていた」⁴⁵ ともされているが，しかし，いまや「情報会計」は死語に近い⁴⁶，としたら，語弊があろうか。

もっとも「いまや」どころか，つとに，あるいは端(はな)から［制度会計：情報会計］に批判的な向きもあり，そうした向きは次のように述べている。

> 「一時制度会計を情報会計と対比させて説明するものがあったところから，情報会計と制度会計とが二分法による対概念であるかのように述べる向きがあるが……それは問題にならないと思う。制度会計に比して情報会計の概念と体系はまったく未整理であり，また内容的にも両者は対概念には相当しないものであって……両会計を並立させることには意味を見出すことができないと考えられる」⁴⁷。

どうして「対概念には相当しないもの」なのか，その論拠は不明ながら，いずれにしても，「いまや」「情報会計」に代えて「非制度会計」とすべきだろうか。

また，些か興味深いことには「制度会計の概念を商法会計と同義に用い，これをもってあたかもわが国の企業会計の仕組を代表するものののように解する向きがあるが」⁴⁸ としてこうした向きを

45　興津『現代制度会計（改訂版）』26 頁。
46　友岡『会計学原理』38〜41 頁。
　　友岡『会計学の基本問題』203〜204 頁。
47　若杉『制度会計論』100 頁。
48　同上，「序」1 頁。

批判する [49] 向きがある一方,「会計の知識をマスターしようとする人達は, 概して, 企業会計原則（証取法 = 財務諸表等規則）を中心とした理論や手続に精励する」[50] が,「このことは……制度会計の……他の会計的視座を理解したことにはならない」[51] とする向きもある。

なおまた,「税法会計」と「税務会計」は同義である。「○○法会計」に揃えたい, ということからは「税法会計」が採用されることとなるが, しかし, けだし,「税務会計」の方が広く用いられているだろう。

[外部報告会計 = 財務会計] という捉え方

ところで, いまさらながら, 日本の一般的なテキストにおける「財務会計」の定義をサーベイしておこう。

「財務会計とは, 通常, 複式簿記等の手法によって, 企業の資本および損益を正確に測定するとともに, 企業の経営成績および財政状態を明らかにし, それを企業の外部利害関係者に報告する会計をいう」[52]。

---

49 同上,「序」1頁。
50 濱田, 斎藤, 佐々木『制度会計原理』「はじめに」1頁（（ ）書きは原文）。
51 同上,「はじめに」1頁。
52 飯野『財務会計論（3訂版)』1-4頁。

「財務会計は株主などの投資者，銀行などの債権者，仕入先・得意先などの取引先，税務当局などの企業外部の利害関係者に対して，当該企業の経済活動および経済事象を財務諸表などの情報を用いて報告することを目的とする会計である。したがって，財務会計はその報告対象が外部の利害関係者であるところから外部報告会計ともよばれる」[53]。

「財務会計は，株主，銀行，取引先，政府などの企業外部の利害関係者に報告することを目的とした会計である。このことから財務会計は「外部報告会計」とも呼ばれる」[54]。

「財務会計は企業外部の利害関係者を会計報告書の受け手として行う会計である。したがって財務会計は外部報告会計ともよばれる」[55]。

以上の定義には本章が些か拘ってきた「○○のため」はなく，すなわち，何のために報告するのか，についての言説はこれをみることはできず，ここには［外部報告会計 ＝ 財務会計］と捉えての定義しかなく，すなわち「財務会計」に「外部報告会計」の定義をもって与えている[56]。

---

53 広瀬義州『財務会計（第13版）』2015年，4頁。
54 伊藤『新・現代会計入門（第3版）』46頁。
55 桜井久勝『財務会計講義（第19版）』2018年，3頁。
56 ただし，［財務会計：管理会計］を［外部報告会計：内部報告会計］として解することに積極的な意味を認める向きもあり，「財務会計と管理会計とがともに経営管理機能をもち，その意味で，両者が基本的に

また、上掲のテキストはいずれも「税務官庁」[57]や「税務当局」[58]や「監督官庁」や「政府の諸機関」[59]を「財務会計情報の利用者」[60]に挙げ、情報の使途について「課税所得が正しく計算されているか……その公益事業会社の利益は適正か」[61]といった説明をしているが、これまた［外部報告会計 ＝ 財務会計］と捉えているからにほかならず、したがって、規制会計も財務会計の範疇に入れられてしまうこととなる。

表9　［外部報告会計 ＝ 財務会計］の場合

外部報告会計 ＝ 財務会計	制度会計	会社法会計
		金融商品取引法会計
		税務会計
		規制会計
	非制度会計	
内部報告会計 ＝ 管理会計		

　同一の性格をもつとすれば……財務会計と管理会計との区分は、両者の機能上の相違であるよりも、むしろ、外部報告する会計情報と外部報告しないものとの区別……いいかえれば外部報告する会計情報の範囲を限定するための区分であろうと解される」(三代澤『会計過程論』157〜158頁) とするこの向きは「外部報告される会計情報は、内部的情報のなかでいわば選ばれたものであり、外部報告情報と内部報告情報の区分は、内部的情報の中での区別を意味するということができよう」(同上、158頁) からである、としている。

- **57**　飯野『財務会計論（3訂版）』1-10頁。
- **58**　同上、1-10頁。
　広瀬『財務会計（第13版）』4頁。
　伊藤『新・現代会計入門（第3版）』47頁。
- **59**　桜井『財務会計講義（第19版）』3頁。
- **60**　伊藤『新・現代会計入門（第3版）』47頁。
- **61**　同上、47頁。

その他の方言

閑話休題。以上のほかにも方言はあるだろうか。

手掛かりを書名に求めることとし，本書において既出[62]の叢書をみてみることとし，会計学書の出版においては大手の書肆，中央経済社の会計学叢書，すなわち，1959年に刊行が開始された『体系近代会計学』(全9巻)，1968年に刊行が開始された『近代会計学大系』(全10巻)，1979年に刊行が開始された『体系近代会計学』(全14巻)，および2010年に刊行が開始された『体系現代会計学』(全12巻)の各巻のタイトルから『○○会計』を拾い上げてみると**表10**のようになる[63]が，方言の類いは認められようか。

表10　種々の○○会計

体系近代会計学	持分会計（第3巻），資産会計（第4巻），管理会計（第5巻），監査会計（第6巻），税務会計（第7巻），財務会計（第8巻）
近代会計学大系	持分会計（第3巻），資産会計（第4巻），財務会計（第5巻），意思決定会計（第6巻），業績管理会計（第7巻），監査会計（第8巻），税務会計（第9巻）
体系近代会計学	財務会計（第2巻），業績評価会計（第4巻），原価会計（第5巻），資金会計（第7巻），インフレーション会計（第8巻），国際会計（第10巻），社会会計（第12巻），税務会計（第13巻）

62　第1章。
63　黒澤清（主編）『体系近代会計学』1959～1967年。
　　黒澤清（主編）『近代会計学大系』1968～1976年。
　　黒澤清（総編集）『体系近代会計学』1979～1985年。
　　斎藤静樹，安藤英義，伊藤邦雄，大塚宗春，北村敬子，谷武幸，平松一夫（総編集）『体系現代会計学』2010～2014年。

| 体系現代会計学 | 企業会計（第1巻，第2巻，第5巻）業績管理会計（第10巻），戦略管理会計（第11巻），管理会計（第12巻） |

　「財務会計」等，既出のものはこれを除けば，方言らしきものとしては「意思決定（のための）会計」，「業績管理（のための）会計」，「業績評価（のための）会計」，「戦略管理（のための）会計」などが挙げられようが，「以前の「管理会計論」を2巻に分化発展させ，その1を意思決定会計論とし，その2を業績管理会計論とした」[64]とされているように，あるいは「管理会計論の体系は種々に分かれるが……新たな時代の志向として意思決定会計と業績評価会計ないしは業績管理会計という問題の建て方があらわれた」[65]とされているように，あるいは「戦略管理会計は，経営者の将来志向的な意思決定のうちで，企業の存続に影響する重要な事項の決定と執行を支援するために，経済価値を中心に多元的な価値を表現し明示化するためのツールとシステムであると」[66]されているように，これらはいずれも管理会計という方言のなかにある。

　ただし，ここにあっては製品開発，設備投資，研究開発投資，および価格決定等にかかわる意思決定[67]，すなわち管理会計の範

---

[64] 鍋島達「序文」鍋島達（責任編集）『近代会計学大系［第6巻］ 意思決定会計論』1969年，3頁。

[65] 溝口一雄「序文」溝口一雄（責任編集）『体系近代会計学［第4巻］業績評価会計』1979年，1頁。

[66] 淺田孝幸「戦略管理会計の考察」淺田孝幸，伊藤嘉博（責任編集）『体系現代会計学［第11巻］ 戦略管理会計』2011年，1頁。

[67] 鍋島達（責任編集）『近代会計学大系［第6巻］ 意思決定会計論』1969年，「目次」7〜11頁。

疇におけるものとされている「意思決定会計」は，しかし，ときに［利害調整（のための）会計：意思決定（のための）会計］という2分法においても用いられ，利害調整（のための）会計（equity accounting）「は，企業の経済活動から生ずる成果の公正な配分のために，株主をはじめとする各種利害関係者間の持分関係を調整することを目的とする会計，とされ」[68]，意思決定（のための）会計（operational accounting）「は，企業の利害関係者による意思決定，たとえば投資者による投資意思決定，経営者による経営意思決定などにとって有用な情報を提供することを目的とする会計，とされ……したがって，この分類は財務会計と管理会計（ないし外部報告会計と内部報告会計）という分類と軌を一にするものではない」[69]とされる。この分類における利害関係者および意思決定者はそのいずれもが，内部者であるか，外部者であるか，はこれを問われないからである。

さて，如上の利害調整（のための）会計や意思決定（のための）会計は方言だろうか。

キングのいう「方言」，すなわち財務会計，税務会計，規制会計，および原価会計ないし管理会計は（「原価会計」という呼称は些か微妙ながら，それ以外のものは），**表1**のように，報告先（情報の提供先）による分類，として捉えられ，また，これらは共通の観点をもって捉えられた会計という共通性を有し，すっきりと整理されえたが，しかしながら，他方，如上の利害調整会計や意思決

---

68 友岡『会計学原理』32頁。
69 同上，32頁（（ ）書きは原文）。

定会計は，報告先による分類，としては捉えられず，もしかしたら，キングのいう「方言」には該らないかもしれず[70]，いずれにしても，財務会計，税務会計，規制会計，および管理会計とは共通の観点をもって捉えられたものとしては捉えられず，これらと並立しうるものとはいえないだろう。「財務会計」，「税務会計」，「規制会計」，および「管理会計」に「利害調整会計」や「意思決定会計」を続けても，この列挙はおよそ体系的ではなく，体系化と分類は表裏一体，ともされることが想起されよう[71]。

いずれにしても，そもそも言語はコミュニケーションの手段であって，けだし，したがって，誰とコミュニケーションを取るか，をもって共通の観点として捉えた事業の言語こそが「方言」と称されてしかるべきだろうし，その「誰」はあるいは資金提供者，あるいは徴税当局，あるいは規制当局，あるいは経営者であって，また，「事業の言語」の定義の仕方によってはほかにもいるだろう。

---

[70] キングは財務会計等を方言に擬えてはいるものの，「事業の言語の「方言」」についてその定義ないし要件はこれを示してはいない。

[71] 分類の意義について第4章を参照。

オフ・バランスの問題

オフ・バランス項目の存在はやはり現行会計の欠陥なのか。オフ・バランス項目はやはりオン・バランス化されるべきものなのか。オン・バランス化はやはり拡大をもって意味しているのか。

　こうしたことを思量する。

認識と「取引」概念　*155*
オフ・バランス項目　*157*
実質優先思考　*159*
客観性と専門的な判断　*161*
経済的実質の追求と「取引」
　概念の拡大　*163*
時価の捉え方　*168*
やはり拡大か　*172*

認識と「取引」概念　　むろん,「会計」については種々の観点よりする種々の定義が存するが, 比較的一般的なものとしては例えば以下のようなものが挙げられよう。

> 「会計とは, 経済主体における経済事象・経済状態を貨幣数値をもって認識・測定し, かくて作成された情報を伝達する行為, である」[1]。

　会計は企業を首めとする経済主体の経済活動・経済事象を対象とし, 上記の定義にあって会計という行為のプロセスは［認識 → 測定 → 伝達］といったような捉え方[2]がされており, まずは認識, すなわち, 物事をはっきりと見分ける, という作業が行われる。すなわち, この認識という第1の段階は, 経済主体における経済事象・経済状態, という対象を会計のなかに取り込む段階であって, ここでは, 会計のなかに取り込まれるものと取り込まれないものをはっきりと見分ける, という作業が行われる。

　この段階においては「取引」という概念が用いられる。認識という段階においてはこの「取引」という概念がフィルターの役割

---

[1] 友岡賛『会計の歴史（改訂版）』2018 年, 21 頁。

[2] むろん, 会計のプロセスについては種々の捉え方がありえ, 例えば「伝統的会計学においては認識と測定を分けている。しかし……取引を認識することは金額の決定を含んでいる。したがって認識と測定を分ける必要はない」（伊崎義憲『会計と意味』1988 年, 134〜135 頁）といった向きもみられるが, それはさて措く。

　まずは［認識 → 測定 → 伝達］という捉え方について下記のものを参照。

　友岡賛『会計学原理』2012 年, 45〜48 頁。

を果たすものとして用いられる。すなわち,経済主体における経済事象のなかでこの「取引」に該当するものが会計のなかに取り込まれ,また,そうした事象によってもたらされる経済状態が会計のなかに取り込まれる。

　さて,「取引」とは何だろうか。

「簿記・会計で用いられる取引という用語は,資産,負債または資本を増減させる事象を意味している。……たとえば司法取引,車のレンタル契約などは,一般には取引が成立したとはいうが,資産,負債または資本の増減をもたらさないので,簿記・会計では,取引とはいわない。また,商品の盗難や火災などは,一般には取引とはいわないが,簿記・会計では,資産の減少をもたらすので取引という」[3]。

「簿記は,会社が行った取引をすべて記録しなければいけない……。しかし日常生活でいう取引がすべて記録されるわけではない。逆に日常生活では取引といわないような事象を記録しなければならない場合もある……。簿記の対象とする取引は,資産・負債・資本に増減変化をもたらすものな」[4]のである。

「複式簿記ではまず,企業の経済活動や事象のうち,企業の資産・負債・資本に影響を及ぼす出来事を取引として識別す

3　広瀬義州『財務会計(第13版)』2015年,78頁。
4　伊藤邦雄『新・現代会計入門(第3版)』2018年,69頁。

る。……企業のどのような経済活動や事象が「取引」に該当するかは、次の規準に従って判断される。簿記上の取引に該当するためには、(a)その事実がすでに発生していて、(b)企業の資産・負債・資本に影響を及ぼしており、(c)その影響が合理的な正確度で金額的に測定できなければならない。したがって簿記でいう取引は、日常用語としての取引と必ずしも一致していない」[5]。

しかしながら、こうした「取引」概念をもってする認識から漏れてしまう取引がある。

オフ・バランス項目 如上の「取引」概念をもってする認識から漏れてしまう取引があり、一般にこれを「オフ・バランス取引」と呼ぶ。この「オフ・バランス」については「取引が貸借対照表にも損益計算書にも記載されないこと」[6]と説かれ、あるいは「オフバランス取引とは、貸借対照表に必ずしも十分に表示されない取引のことであ」[7]るとされる。

ただし、「こうした「取引」概念をもってする認識から漏れてしまう取引がある」と上述はしたものの、「漏れてしまう取引」という言い様は些か微妙である。「取引」に該当し、したがって、会計のなかに取り込まれるべきもの、それが漏れている、ということなのか、あるいは、会計のなかに取り込まれるべきものなが

---

[5] 桜井久勝『財務会計講義(第19版)』2018年、25頁。
[6] 広瀬『財務会計(第13版)』153頁。
[7] 田中建二『オフバランス取引の会計』1991年、iii頁。

ら,「取引」には該当しないために漏れている, ということなのか。後者の場合には「オフ・バランス取引」とはせずに「オフ・バランス項目」といった称し方を用い,「こうした「取引」概念をもってする認識から漏れてしまう項目がある」といった述べ方をしたほうがよいかもしれない。

もっとも「漏れてしまう」といった言い様もこれ自体が些か微妙だった。「漏れる」は文脈によっては, 入るべきものが入らなくなってしまう, といった意味合いを有し, しかも,「漏れてしまう」として「しまう」をさらに加え, 否定的な意味合いをもってさらに強調してしまった。

閑話休題。「取引が貸借対照表にも損益計算書にも記載されないこと」という件（くだり）の「取引」は前項に定義が示された「取引」なのか。あるいは「オフバランス取引とは, 貸借対照表に必ずしも十分に表示されない取引のことであ」るとされる場合の「取引」は前項に定義が示された「取引」なのか。それとも, 前項に定義が示された「取引」ではないものの, 何等かの理由をもって, 会計のなかに取り込むべき, とされるのか。

いずれにしても, オフ・バランス項目の存在は一般に否定的に捉えられ,「「会計が本来なすべきことであるが, しかし, 現行会計にはそれが出来ない」ということを意味し, したがって, それは「現行会計の欠陥である」という」[8] 捉え方がなされる。

---

[8] 倉地幹三「「会計学における説明・証明の在り方」についての一考察」飯野利夫先生喜寿記念論文集刊行会（編）『財務会計の研究――飯野利夫先生喜寿記念論文集』1995 年, 157 頁。

第6章　オフ・バランスの問題　159

実質優先思考　叙上の「何等かの理由」に該当するものはこれが例えばリースにかかわるオン・バランス化の主張等に典型的にみられる「実質優先主義」ないし「実質優先の原則」ないし「実質優先思考」などと称されるものであって，これは「法律よりも経済的な事実を優先すべしとする考え方」[9]，あるいは「法的形式よりも経済的実質を重視する実質優先の原則」[10]，あるいは「取引における法形式よりもむしろ経済的実質を重視して会計すべきとする……実質優先思考」[11]などと説明されている[12]が，この考え方は「取引」概念を変えるのか，「取引」概念の解釈を変えるのか，それとも「取引」概念はそのままで，取引に非ざるとも認識する，といった特例措置をもたらすのか。

　もっとも，リース資産のオン・バランス化の主張は，法的所有権は有していなくとも経済的実質は所有しているも同じ，といった実質優先思考に依拠していながらも，そもそも「リース取引のオンバランス化理論の展開は，認識の必要性が叫ばれ，かつ，認識に関してあまり疑問がもたれないリース債務の認識を複式簿記の制約のもとで達成するために，相手勘定である資産の認識をいかに正当化するかにあったと捉えることもできる」[13]ともされ，

9　広瀬『財務会計（第13版）』338頁。
10　桜井『財務会計講義（第19版）』194頁。
11　田中『オフバランス取引の会計』17頁。
12　実質優先思考の概要は下記のものを参照。
　　友岡賛『会計学はこう考える』2009年，217〜220頁。
13　山﨑尚「リース会計基準にみる資産の認識拡大——負債の認識を目

そもそも積極的に経済的実質それ自体が求められていたのか，それとも債務認識の手段として経済的実質が求められていたのか，といった微妙な状況が認められようし，後者の場合，果たしてこれを「実質優先主義」ないし「実質優先の原則」ないし「実質優先思考」などと称することができようか，といった疑問も生じよう。

　閑話休題。いずれにしても，オフ・バランス項目の存在は会計において「経済的実質」が示されていないことを意味し，これを示すべき，とするのが実質優先思考，ということだろうが，ここに生ずる問題の一つはこれが「経済的な実質面を法規定〔もしくは法形式〕に優先させ得る限度を何処に置くか」[14]である。

　これは一つには「財務諸表の作成における主観的要素をできるだけ排除し，客観性をもたせることが必要であり，法的形式がそうした客観性の基礎を与えると」[15]といった考えがあるからであって，この「問題は，要するに，客観性をもとめるか，実○（なんとか）（実質や実情や実態や実体）をもとめるか，という一般的な選択の問題としてとらえることができ，また，これは会計においても随

　的とした資産の認識拡大」辻山栄子（編著）『財務会計の理論と制度』2018年，324頁。

[14] 友岡賛「「真実且つ公正なる概観」考＜その2＞——アーガイル・フーズ社の事例を中心に」『三田商学研究』第29巻第3号，1986年，20頁。
　　醍醐聰「サロン・ド・クリティーク」『企業会計』第39巻第1号，1987年，155頁（〔 〕書きは原文）。

[15] 田中『オフバランス取引の会計』101頁。

所にみられる問題で」[16] あり，如上の場合においては，客観性を求めるか，経済的実質を求めるか，という問題である。
・・

　如上の問題は「産業や取引形態に応じて会計処理を細かく規定する」[17] か，それとも「判断を要する場合に立ち戻るべき基本的な考え方のみを規定する」[18] か，という［規則主義（細則主義）vs.原則主義］の問題[19] と重ね合わせて捉えられ，別言すれば，［客観性vs.専門的な判断］の問題に鑑みて捉えられよう。

客観性と専門的な判断　　叙上の［客観性vs.専門的な判断］の問題は，セオドア M. ポーター（Theodore M. Porter）の言を借りれば，「厳密な客観性と職業的自律性とは，ありうる連続体の両極である」[20] ということである。
・・

　科学史家のポーターは「数値に対する信頼に関する歴史的論理を……分析している」[21] その著『数値と客観性』の 1 章をもって「Experts against Objectivity」[22]，すなわち「客観性に対抗する専門家」[23] と題し，これに「Accountants and Actuaries」[24]，す

---

16 友岡『会計学はこう考える』221 頁。
17 行待三輪『はじめて学ぶ国際会計論』2018 年，39 頁。
18 同上，39 頁。
19 ［規則主義vs.原則主義］の問題について下記のものを参照。
　　友岡『会計学原理』185〜188 頁。
20 セオドア M. ポーター／藤垣裕子（訳）『数値と客観性——科学と社会における信頼の獲得』2013 年，131 頁。
21 同上，6 頁（「日本語版への序」）。
22 Theodore M. Porter, *Trust in Numbers : The Pursuit of Objectivity in Science and Public Life*, 1995, p. 89.
23 ポーター／藤垣（訳）『数値と客観性』129 頁。

なわち「会計士と保険数理士」[25] という副題を附し，以下のように述べている。

> 「会計監査は，判断の問題であり」[26]，「ここで重要な要素は，独立性と専門性で……これらの客観性の保証は不可欠だった。……このような見方，会計が公平無私のエキスパート・ジャッジメントをとおして客観性なるものを獲得するという見方は，いまも魅力を失っていない。最近，会計の数字が他の追随をゆるさない認証力をもつことは……批判されている。……推定や解釈は，専門家の判断に頼っている。……注目に値すべきなのは，この機械的客観性の否認が，プロの専門性の擁護をもたらすということである」[27]。

「数値によせる信頼性とエキスパート・ジャッジメント（専門家判断つまり個人の技能）によせる信頼の対置」[28] をもって特徴とされるポーターの所説によれば，「エキスパート・ジャッジメントへの信頼があれば，標準化などいらない」[29] が，アメリカにおいては「1930年代に，会計の客観性の基盤がエリートの公平無私から標準化へと移行しはじめた」[30]。これは「世界大恐慌の時

---

24 Porter, *Trust in Numbers*, p.89.
25 ポーター／藤垣（訳）『数値と客観性』129頁。
26 同上，131頁。
27 同上，131〜132頁。
28 同上，300頁（藤垣裕子「解題」）（（　）書きは原文）。
29 同上，301頁。
30 同上，134頁。

代……投資家の自信を回復させるために設置された新しい規制官僚制度であるSEC（証券取引委員会）の努力による」[31]が，「客観性への移行は，自律性の喪失を意味し，そして専門職としての破綻でもあった」[32]。「政治的圧力さえなければ客観性が保てるのではなく，政治的圧力があるからこそ，客観性がつくられる」[33]のである。

「標準化」は規則主義の採用と同義だろうし，既述のように，如上の問題は［規則主義vs.原則主義］の問題と重ね合わせて捉えられ，また，実質優先思考の問題に鑑みて捉えられよう。

経済的実質の追求と「取引」概念の拡大

表1　種々の選択

客観性 vs. 判断
規則主義 vs. 原則主義
形式 vs. 実質

以上，表1に示される種々のvs.が出てきたが，これらは，別言すれば，選択であって，これらの選択は些か軸がずれているかもしれないとはいえ，重なり合っている。

すなわち，実質を追求しようとする場合には判断が用いられ，判断を活用しようとする場合には原則主義が採られる，ということであり，他方，実質を追求しようとする場合，判断を活用しよ

---

[31] 同上，134頁（（　）書きは原文）。
[32] 同上，131頁。
[33] 同上，300頁（藤垣「解題」）。

うとする場合，原則主義が採られる場合，これらの場合には客観性が害われる，ということである。

ただしまた，こうした状況の捉え方には少なくとも二通りのものが看取されよう。むろん，できることなら実質を追求したい，ということを前提に，しかし，［客観性vs.実質］の選択に苦慮している，という状況としてこれを捉えることができようが，他方，そもそも経済的実質とやらはこれを追求すべきものなのか，という問い掛けから始まる状況としてこれを捉えるとどうなるか。

如上の問い掛けは，むろん，実質優先思考の否定をもって意味してしまうかもしれないが，ただし，前々項に示された問い掛けと重ね合わせて考えたい。すなわち，実質優先思考は「取引」概念を変えるのか，「取引」概念の解釈を変えるのか，それとも「取引」概念はそのままで，取引に非ざるとも認識する，といった特例措置をもたらすのか。

オフ・バランス項目の存在，という「現行会計の欠陥」についてはときに，「取引」概念の拡大をもってこれを補う，といった主張を目にするが，「取引」概念の拡大とは何か。「取引」概念の拡大は「取引」概念を構成する「資産」概念，「負債」概念，および「資本」概念の拡大なのか。それとも「取引」概念自体の拡大なのか。

「会計が拘るべきもの……は何か」[34]。貨幣数値[35]か，あるい

---

34 友岡賛『会計と会計学のレーゾン・デートル』2018年，27頁。
35 第2章。

は複式簿記[36]か。「取引」概念はどうだろうか。会計は「取引」概念をもって対象を選別する。これに拘らずしてどうしよう。拘るがゆえに，この概念を捨てずに拡大するのか。オフ・バランス項目のオン・バランス化のため，これを拡大するのか。それとも，拡大しないことが拘るということなのか。「取引」概念に拘るからこそ，オフ・バランス項目は存在し，それはオフ・バランスであるべきなのか。会計の拘りからすれば，それはオフ・バランスであるべきなのか。そもそも経済的実質とやらはこれを追求すべきものなのか。

閑話休題。例えば「認識領域を拡大させることによって，リース会計や年金会計など，取得原価・配分・対応を基礎概念とする近代会計理論では論理化できない会計実務・会計基準を包摂しうる概念的枠組みを構築した」[37]とされるアメリカの財務会計基準審議会（Financial Accounting Standards Board）（FASB）の財務会計の諸概念に関するステートメント（Statement of Financial Accounting Concepts）[38]における「資産・負債概念の拡大」[39]については次のような説明をみることができる。

「資産を将来経済便益と定義することによって，法的所有権や取得原価概念から切り離され，資産の将来方向への概念的

---

[36] 友岡『会計と会計学のレーゾン・デートル』第1章。
[37] 志賀理『会計認識領域拡大の論理』2011年，125頁。
[38] 第4章。
[39] 志賀『会計認識領域拡大の論理』126頁。

拡大が論理化され……しかも、その拡大された資産を認識するために、将来経済便益をいかに識別するか、つまり、いかに解釈するかという判断の要素が盛り込まれ……また、負債は……将来経済便益の犠牲であると定義され……このように……将来の経済便益を強調することによって、資産・負債の将来方向への概念的拡大を論理化し、そこには将来経済便益の識別・解釈という判断要素を内包させ、弾力的な解釈を可能にしうる資産・負債概念が定義されている」[40]。

　むろん、「概念の拡大」は必ずしも「弾力的な解釈」の可能性を意味するものではなく、したがって、必ずしも「判断要素」の存在を意味するものではない。もっとも「概念の拡大」はこれが定義の抽象度を高めることによってなされた場合には［概念の抽象化 → 解釈の弾力化］といった関係が認められようが、しかし、「概念の拡大」がなされたとしても、その定義が具体度の高いものであれば、それは必ずしも「弾力的な解釈」の可能性を意味するものではない。
　しかしながら、ことが「将来方向への概念的拡大」となると話は別である。問題は「拡大」ではなく「将来」であって、これは「判断要素」の存在をもって意味する。

　ちなみにまた、如上の「取引」概念の拡大と同様、「オフ・バランス取引」概念の拡大といったことを考える向きもある。

---

[40] 同上, 127〜128頁。

「オフバランス取引の定義の考え方の例……の第1は「オフバランス取引とは,貸借対照表に表示されない取引である」とみる考え方である。しかしこの定義では……オプション取引については受払いされるオプション料が資産または負債に計上されるため,オフバランス取引からは除外されることになる」[41]。

「そこで,オプション取引をオフバランス取引と定義できるように,「オフバランス取引とは,貸借対照表にその取引の総額が示されない取引である」とする第2の考え方がある」[42]。

「第3の定義は……「オフバランス取引とは,貸借対照表に表示されている金額を超える会計上の損失を生じさせる可能性のある取引である」とする考え方である。……ただし,この定義では,オプションの買建てについては,資産計上された支払オプションを超える損失が生じないため,オフバランス取引ではないということになる」[43]。

「そこで,オフバランス取引をなるべく広くとらえることのできる第4の定義として……」[44]。

「……しかし……そこで……ただし……そこで……」といった

---

[41] 小宮山賢「オフバランス取引と時価評価」醍醐聰(編)『時価評価と日本経済』1995年,169頁。
[42] 同上,169頁。
[43] 同上,169〜170頁。
[44] 同上,170頁。

ように，何が何でもオン・バランス化のためにオフ・バランス取引としたいのか。

「オフ・バランス取引」概念の拡大は何を意味するか。「オフ・バランス取引」における「取引」は最初の項に定義が示された「取引」なのか。

いずれにしても，如上の「オフ・バランス取引」概念の拡大については，そうした考え方をする向き，そのご当人の用語法の厳密さのほどは不明ながら，当方が勝手に厳密に解すれば，「オフ・バランス取引」はやはり「オフ・バランス取引」なのだろう。「取引」に該当し，したがって，会計のなかに取り込まれるべきもの，それが漏れている，ということなのだろう。

「オフ・バランス取引」概念の拡大は，取り込まれるべきながら，しかし，漏れてしまっているもの，の拡大を意味する。この理屈はどのように捉えられようか。

時価の捉え方　取得原価会計にあって時価はオフ・バランスなのだろうか。経済的実質は時価であって，経済的実質は示されるべきものであって，したがって，しかし，取得原価会計にあって示されない時価はオフ・バランスか。

もっとも時価それ自体は測定属性であって，「取引」概念に該当するような性格のものではないといえようが，時価の変化は「取引」概念に該当すると捉えることもできる。例えば資産の時価の低下をもって資産の減少と捉えれば，これは「取引」概念に該当するともいえようが，ただしまた，時価を測定属性として採用すること，これは「取引」概念のなかにあるのか，はたまた埒

外のことなのか。時価の低下はこれすなわち（当然に）取引であって，しかし，示されていないため，オフ・バランス取引なのか。あるいはまた，時価の低下は当然には取引ではなく，「取引」概念とは別のどこかで測定属性の選択が行われるのか。それとも，例えば実質優先思考をもって「取引」概念の拡大がなされ，時価の変化をもって「取引」概念に含めることになる，といったことなのか。

　前述のように，オフ・バランス項目の存在は一般に否定的に捉えられ，「「会計が本来なすべきことであるが，しかし，現行会計にはそれが出来ない」ということを意味し，したがって，それは「現行会計の欠陥である」という」捉え方がなされるが，「現行会計」はこれを「ある会計」と換言することもでき，「ある会計」およびこれと対置される「あるべき会計」については前章にも引かれた以下のような説明がある。

　　「ASOBATに代表される情報利用者指向的会計は，法体系による制約を受けない会計であり，その意味では，これを「あるべき会計」ということができ……これに対して，制度会計は……法体系との関わりにおいて機能する会計であり，これを「ある会計」という」[45]。
　　「「あるべき会計」と「ある会計」という両会計すなわち情報利用者指向的会計と制度会計は，相互補完的に作用しあうことにより会計の発展に大きく貢献することができる」[46]。

---

[45] 興津裕康『現代制度会計（改訂版）』1999年，2頁。
[46] 同上，2頁。

このように「ある会計」はまた「制度会計」と同義であって，このように「ある会計」と「あるべき会計」を説明する向きは現在原価会計（時価会計の一種）をもって「あるべき会計」の一つに挙げて論じ[47]，また，「情報利用者指向的会計」，すなわち「あるべき会計」がこれに「代表される」「ASOBAT……の出現……までの伝統的な会計理論は……客観性という視点から……会計フレームワークを構築していた」[48]としており，「べき」と「客観性」は対置される。

あるいは「制度会計以外の財務会計としては，価格変動会計（時価会計とほぼ同義）などがある」[49]とする向きもあり，「制度会計以外の財務会計」を「あるべき会計」とすれば，時価は「べき」ということになろう。

なお，以上においては「現行会計」と「制度会計」と「ある会計」は同義であって，すなわち，法制度に求められる会計が現行，ということであって，企業は法制度に求められる会計しかしない，ということが含意されている。

ちなみに，「情報利用者指向的会計」についてはそこにおける「認識領域の拡大」に関して以下のように説く向きがあるが，けだし，筆者とは用語法を異にしているため，紹介に止める。

---

[47] 同上，「序文」1頁および第11章。
[48] 同上，265頁。
[49] 飯野利夫『財務会計論（3訂版）』1993年，1-11頁。

「会計記録行為を「認識」と呼ぶようになったのは」[50]「古くからのことではない」[51]。

「会計記録行為を情報利用者の意思決定に適合する情報を「認識」する行為[52]であると論理づけることによって，伝統的な会計制度の枠組みから離れた新しい要素の導入が促進されることになる。会計は「認識の会計」になることによって，「事象を見分ける」認識行為が「帳簿に載せる」会計行為と同じ次元におかれ，「認識」（会計計上）すべき対象が拡大される。……「認識の会計」理論は，アメリカ合衆国においてプロフェッショナル会計制度のもと，会計人の判断のプロフェッショナル性を支える「概念ステイトメント」として表明されたものである。……プロフェッショナル会計制度の理論としての「認識の会計」理論は，会計認識を3つの段階，(1) 意思決定の特定化，(2) 認識対象の確定，(3) 測定属性の選択において構成される」[53]。

「近代会計は，「取引ベースの会計」ともいわれる」[54]が，そうした「「取引ベースの会計」から「認識の会計」への転換は，何を意味するか。明確に言えることは，職業会計士の会

---

[50] 村瀬儀祐「会計認識拡大理論の制度機能」加藤盛弘（編著）『現代会計の認識拡大』2005年，15頁。

[51] 同上，15頁。

[52] 「情報を「認識」する行為」とされている点にも留意されようが，こうしたことについては下記のものを参照。
友岡『会計学原理』21〜24頁。

[53] 村瀬「会計認識拡大理論の制度機能」16〜17頁（（ ）書きは原文）。

[54] 同上，19頁。

計判断領域が飛躍的に拡大したことである。「投資家, 債権者への有用な情報を提供する」目的のもと, 会計認識が対象とするものは際限がないほど広が」[55]り, そうした「認識の会計」は「「認識領域の拡大」によって利益計算の弾力性を限りなく強めた」[56]。

なおまた, 前述のように, 情報利用者指向的会計を代表するとされる*ASOBAT*, すなわち1966年に公表されたアメリカ会計学会 (American Accounting Association) (AAA) の『基礎的会計理論に関するステートメント』(*A Statement of Basic Accounting Theory*) は会計に「情報の利用者が事情に精通して判断や意思決定を行なうことができるように, 経済的情報を識別し[57], 測定し, 伝達するプロセス」[58]という定義を与えているが, この「場合の「経済的情報」という概念は, 伝統的会計認識の出発点である取引の概念を超えている」[59]とされ, このステートメントも自ら「会計情報が必ず取引資料のみにもとづかなければならないということはない」[60]と補説している。

やはり拡大か

「最近, 会計をめぐる環境の変化に応じてリース会計や年金

---

55 同上, 20頁。
56 同上, 16頁。
57 「経済的情報を識別し」とされていることについて注記 *53* をみよ。
58 アメリカ会計学会／飯野利夫 (訳)『基礎的会計理論』1969年, 2頁。
59 吉田寛『会計理論の基礎』1974年, 19頁。
60 アメリカ会計学会／飯野 (訳)『基礎的会計理論』2頁。

会計といった新しい領域の拡張が必要となってきた。そのため発生主義会計だけでは取り扱えないような問題が生じている。とくに将来事象についての予測や見積りをも取り扱っていくところに新しい会計思潮の特色がある。当然，認識や測定についても伝統的会計学とは異なる接近法が要請される」[61]。

　このように説く向きは「伝統的会計学とは異なる接近法」として前出のFASBの財務会計の諸概念に関するステートメントにおける「意思決定有用性接近法」[62]をもって引き合いに出す。

　すなわち，「情報利用者指向的会計」の考え方は「意思決定有用性接近法」とも称され，「財務報告は……経営および経済的意思決定を行うために……有用な情報を提供することを目的としている」[63]という「意思決定有用性接近法の基礎に流れる会計思潮」[64]はこのFASBのステートメント「も一貫して堅持」[65]しているとされ，そうしたこのステートメントは次のように「認識」を定義している。

　「認識とは，ある項目を資産，負債，収益，費用またはこれらに類するものとして，企業の財務諸表に正式に記録するか

---

[61] 伊崎『会計と意味』136頁。
[62] 同上，136頁。
[63] 財務会計基準審議会／平松一夫，広瀬義州（訳）『FASB財務会計の諸概念（増補版）』2002年，14頁。
[64] 伊崎『会計と意味』136頁。
[65] 同上，136頁。

または記載するプロセス (the process of formally recording or incorporating an item in the financial statements of an entity as an asset, liability, revenue, expense, or the like) である。認識は，ある項目を文字と数値の両者を用いて表現し，かつ，その項目の数値が，財務諸表の合計数値の一部に含められることをいう。資産または負債についていえば，その取得もしくは発生の記録のみならず，結果的に財務諸表から除かれることになる諸変動をはじめとして，その後の記録もかかる認識に含められる」[66]。

さらに，このFASBのステートメントは「項目および当該項目に関する情報 (an item and information about it) が認識されるためには，次の四つの基本的認識規準 (fundamental recognition criteria) を満足していなければならず，また，かかる認識規準が満足されるときに認識されなければならない」[67]として「定義 (definitions)――当該項目が財務諸表の構成要素の定義を満足すること……測定可能性 (measurability)――当該項目が十分な信頼性をもって測定でき，かつ目的に適合する属性 (a relevant

---

[66] Financial Accounting Standards Board, Statement of Financial Accounting Concepts No. 5, *Recognition and Measurement in Financial Statements of Business Enterprises*, 1984, par. 6.
　財務会計基準審議会／平松，広瀬（訳）『FASB財務会計の諸概念（増補版）』212頁。

[67] Financial Accounting Standards Board, *Recognition and Measurement in Financial Statements of Business Enterprises*, par. 63.
　財務会計基準審議会／平松，広瀬（訳）『FASB財務会計の諸概念（増補版）』239頁。

attribute measurable with sufficient reliability) を有すること……目的適合性 (relevance) ——当該項目に関する情報が情報利用者の意思決定に影響を及ぼしうること……信頼性 (reliability) ——当該情報が表現上忠実であり, 検証可能かつ中立 (representationally faithful, verifiable, and neutral) であること」[68] を挙げつつ, 畢竟, 次のようにまとめている。

> 「現行の会計実務の大部分は, 本ステートメントにおける認識規準および指針と抵触するものではないが, かかる認識規準および指針は, 将来行われる可能性のある会計実務の変更を妨げるものではない。本ステートメントの目的は, 会計基準の正式な変更が必要とされたときに, その指針を示すことにある。現在, 報告されている情報よりも一層有用である (目的に適合しかつ信頼しうる) 項目についての情報が, 適正なコストで入手可能であるということが立証される場合には, 当該情報は財務諸表に記載されなければならない」[69]。

こうしたFASBのステートメントの行き方については「意思決定有用性接近法の流れに沿っているので, 受け手の意思決定に役立つ情報の提供を目指すのは当然で……そのため会計表現の指示対象を拡張する。しかも現行実務との妥協の道をも探っている。

---

[68] Financial Accounting Standards Board, *Recognition and Measurement in Financial Statements of Business Enterprises*, par. 63.
　財務会計基準審議会／平松, 広瀬 (訳)『FASB財務会計の諸概念 (増補版)』239〜240頁。
[69] 同上, 255頁 (( ) 書きは原文)。

……好意的に見れば,"あるべき会計理論"と"ある会計理論"との橋渡しをねらったものと言うことができる。しかし"二兎を追う者は一兎をも得ず"の譬えの通りに何れも中途半端な結果に終っていることも否定できない」[70] ともされているが,いずれにしても,やはり「あるべき」は常に「拡大」ないし「拡張」なのだろうか。

やはりオフ・バランスは欠陥であって,「欠陥」はオン・バランス化されるべきものであって,「オン・バランス化」はあるべきであって,やはり「あるべき」は拡げる$\cdot\cdot\cdot\cdot\cdot$ことなのだろうか。

---

[70] 伊崎『会計と意味』138頁。

stewardshipとaccountability

「stewardship」概念と「accountability」概念の関係をもって殊に会計の目的ないし機能との関係において改めて考える。

「責任」　*179*
「stewardship」と意思決定有用性　*182*
「stewardship」概念の後退　*184*
利害調整と意思決定支援と
　stewardship　*192*
accountability　*196*
stewardshipとaccountabilityの
　捉え方の類型　*201*

*7*章

「責任」 「stewardship」には「受託責任」や「財産管理責任」などといった訳が当てられ,「accountability」は「アカウンタビリティー」とされることも少なくないが,文脈によって「説明責任」ないし「会計責任」と訳される。

さて,そもそも「責任」とは何か。

法哲学者の瀧川裕英は次のように述べている。

> 「人間は日々,責任を問い,責任をとり,責任を負い,責任を果たし,責任を転嫁し,責任を否定し,責任の所在を明確にし,というように責任に関わっている。今,これらの責任に関わる実践を「責任実践」と呼ぶとすれば,人間は日々責任実践を営んでいるといえるだろう。……しかし……「責任」の語が日常的に用いられ,「責任実践」が日々営まれているということは,「責任の意味」が明確に了解されていることを意味しない」[1]。

如上の状況について瀧川は「まず,概念の多義性の問題がある」[2] としており,また,倫理学者の成田和信は「厄介なことに,「責任」といっても,どのような文脈で語られるかに応じて,その意味内容が微妙に変化するように見える」[3] として次のように

---

1 瀧川裕英『責任の意味と制度——負担から応答へ』2003 年,2~3 頁。
2 同上,3 頁。
3 成田和信『責任と自由』2004 年,3 頁。

述べている。

> 「たとえば,「自然環境を保護することはわれわれに課せられた責任である」,「彼は父親としての責任を果たした」というような言い方がある。「責任」という言葉は,このような文脈では「義務」,「責務」,あるいは「任務」といった意味で使われている。あるいは,「責任をもって仕事を最後までやりぬく」というような表現もある。このような文脈では,「あることを自分で引き受けてしっかりコミットしていくこと」というような意味で使われている。また,「私はこの不祥事の責任をとって辞職する」,「私は自分が招いた失策の責任を問われた」というような言い方もある。このような文脈に現れる「責任」は,「当然うけるべき報い」といったことを意味している」[4]。

さらにまた,「概念の多義性に伴って実践の意味も多義性を帯びる」[5]とする瀧川は「いかなる状況において責任実践が遂行されているのか,あるいは遂行されることが要請されるのか」[6]と問い,「責任の状況は,次の2種類に区別することができる」[7]として「ある行為がなされた結果,何らかの問題が生じたような状況」[8]と「何らかの果たさるべき課題が生じているような状

4　同上,3〜4頁。
5　瀧川『責任の意味と制度』4頁。
6　同上,18頁。
7　同上,18頁。
8　同上,18頁。

況」[9]をもって挙げ，前者「を「過去に関する責任状況」略して「過去責任状況」[10]，後者「を「未来に関する責任状況」略して「未来責任状況」と呼ぶことにし」[11]，責任原因に言及する。すなわち，「「責任原因」とは，責任の帰属根拠となる事態のことで……過去責任状況においては，規範違反行為が責任原因であり，未来責任状況においては，約束や同意，対象の脆弱性・緊急性などが責任原因である」[12]とされており，けだし，会計責任の類いは後者に該当しようか。

他方，行政学者の片岡寛光は「責任を哲学する」[13]過程において「行為責任，任務責任，結果責任および説明責任について……分析し」[14]ているが，「行為に伴う行為責任」[15]および「組織によって与えられる任務に伴う」[16]任務責任について説いたのち，以下のように述べ，会計責任にも言及している。

> 「行為責任にしても，その特殊ケースである任務責任にしても，行為によって生じる結果に対する責任を負わなければならない。これを・結・果・責・任と言う。責任ある行為は，結果を予測しておこなわれるが，予測通りの結果が得られたにせよ，得られなかったにせよ，その結果ないし社会的に及ぼすイン

---

[9] 同上，18頁。
[10] 同上，19頁。
[11] 同上，19頁。
[12] 同上，23頁。
[13] 片岡寛光『責任の思想』2000年，9頁。
[14] 同上，15頁。
[15] 同上，13頁。
[16] 同上，13頁。

パクトについて責任を問われる。集合的責任は通常は説明責任（accountability）として追及されるが、結果が何らかの指標によって明確に示されない限り、レトリックか、曖昧な言い逃れに終わる可能性がある。説明責任は会計責任でもあることがあるが、その場合には、帳票類の証拠によって正確を期すことが求められる」[17]。

「stewardship」と意思決定有用性

「会計における受託責任概念と会計責任概念とは、はたして同じ概念なのか、それとも異なった概念なのか。しかし、現在までこれに関する議論はあまりなされていない」[18]。

一体、何をもって「あまりなされていない」ということができるのか。これは不明ながら、このように断ずる椛田龍三は「またこの問題は、受託責任概念は一様ではなく多くの解釈があると言ったO'Connellの見解と無関係ではない」[19]と続けながらも、しかし、ビンセント・オコンネル（Vincent O' Connell）の所説をもって多く用いるわけでもないが、ただし、オコンネルの論攷における「while important overlaps in the objectives of decision-usefulness and stewardship exist, the overlap is not necessarily

---

17 同上、15頁（（　）書きは原文）。
18 椛田龍三「英米における受託責任（会計責任）概念の歴史と諸相」安藤英義（編著）『会計における責任概念の歴史——受託責任ないし会計責任』2018年、37頁。
19 同上、37頁。

complete」[20]をもって「意思決定・有用性目的〔投資意思決定目的〕と〔利用者指向を重視した〕受託責任目的は,必ずしも完全ではないが,重複している部分が[多分に]存在する」[21]と訳出しており,これには疑念を抱かざるをえない。

さて,そのオコンネルは国際会計基準審議会(International Accounting Standards Board) (IASB) とアメリカの財務会計基準審議会 (Financial Accounting Standards Board) (FASB) が2005年に「stewardshipないしaccountabilityはこれをもって企業の財務報告における個別の目的とすべきではないということに同意した」[22]ことを受け,stewardshipと意思決定有用性の関係,stewardshipの今日的意義,stewardshipの重要性の歴史的変遷などをもって論じている[23]。

「stewardshipは会計の最古の目的」[24]ともされ,従前は概して財務会計の重要な目的と目されてきたstewardshipは,しかしながら,IASBとFASBによって「stewardshipは意思決定有用性という全体的な目的の・一・部である」[25]とされるに至り,これについては会計のstewardshipに関わる目的と意思決定有用性に関

---

20 Vincent O' Connell, 'Reflections on Stewardship Reporting,' *Accounting Horizons*, Vol. 21, No. 2, 2007, pp. 219-220.

21 椛田龍三「会計における二重の受託責任概念(目的)について」『大分大学経済論集』第65巻第2号,2013年,109頁(〔 〕書きおよ分大学経済論集』第65巻第2号,2013年,109頁(〔 〕書きおよび[ ]書きは原文)。

22 O'Connell, 'Reflections on Stewardship Reporting,' p. 215.

23 *Ibid.*, p. 216.

24 *Ibid.*, p. 224.

25 *Ibid.*, p. 219.

わる目的を区別しないことを批判する向きもみられるが、オコンネルのサーベイによれば、この両者の関係を分析した実証研究の類いは殆どみることができず、したがって、この二つの目的の間に潜在する二律背反の関係に関する会計基準設定上の指針はこれをもつことができない現況にある、とされる[26]。

ここに問われるべきは、意思決定有用性の観点から好ましいとされる情報はstewardshipの観点からも好ましいのか、あるいは、意思決定有用性の観点からは遅れた情報ないし目的適合性のない（irrelevant）情報もstewardshipの観点からは意義が認められるのか、といったことであって、この二つの目的には重要な異同が認められるとする向きもある、とされる一方、会計学業界にあってこの「stewardship」概念の重要視の程度は低下をみている、ともされる[27]。

「stewardship」概念の後退

既述のように「会計の最古の目的」ともされるstewardshipだった。

加えてG. O. メイ（George O. May）も引かれる。アメリカにおける会計プロフェッションの代表的先駆者の一人とされ、「1920年代、30年代、40年代、自らを確立しようと奮闘していた会計士業界を象徴していたのが、プライス・ウォーターハウスとそのシニア・パートナーのジョージ・メイだ」[28]ったともされ、「ア

---

26 *Ibid.*, pp. 216-220.
27 *Ibid.*, pp. 220-222.
28 マイク・ブルースター／友岡賛（監訳），山内あゆ子（訳）『会計破綻——会計プロフェッションの背信』2004年, 141頁。

メリカの財務の健全性に対して会計士が行った貢献のなかでも最大のものは，すべての産業に当てはまるような一般性を持った会計原則確立に向けてのメイの奮闘だろう」[29] ともされるメイは1943年刊の主著『財務会計』(*Financial Accounting*) において財務諸表の主要な10の用途を挙げ，すなわち「1　受託経営者の報告として……　2　資金政策の基礎として……　3　配当の適法性を決めるため……　4　賢明な配当決議の手引として……　5　信用供与の基礎として……　6　企業に投資するかもしれない人々に対する資料提供のため……　7　すでになされた投資の価値を判断するため……　8　政府の監督を援助するものとして……　9　価格あるいは料金統制の基礎として……　10　課税の基礎として」[30] としており，その筆頭は「as a report of stewardship」[31] だった。むろん，この「1……10」は優先順位ではなく，ただの列挙かもしれない[32] が，しかし，筆頭であるという事実は事実であって，また，メイは「一般目的の財務諸表は，以上のすべての場合に妥当するものではない」[33] として「料金あるいは価格の統制……課税……新しい投資家たちに対する資料の

---

[29] 同上，103頁。

[30] G. O. メイ／木村重義 (訳)『財務会計——経験の蒸溜』1957年，6頁。

[31] George O. May, *Financial Accounting: A Distillation of Experience*, 1943, p. 3.

[32] 単に「Mayは……財務諸表の目的の1つとして「受託責任の報告」を掲げて」(桃田龍三「受託責任 (会計責任) 概念の後退」安藤英義 (編著)『会計における責任概念の歴史——受託責任ないし会計責任』2018年，259頁) とする向きもある。

[33] メイ／木村 (訳)『財務会計』6頁。

提供……配当の適法性」[34]をもって特殊な目的とし,すなわち「information for new investors」[35]はこれが「一般目的」から除かれるかもしれないことに言及し,「しかし,たとえこのような特殊な目的を除外したとしても,すくなくとも他の6個の項目については,依然として一般目的の財務諸表によって目的が果されると考えることができる」[36]としている。

しかしながら,椛田によれば,その後,「stewardship」概念は変容をみ,さらには後退をみるに至ったとされる。

すなわち,まずは「stewardship」概念の拡張がみられ,これは出資者のみならず,出資者を含む種々の利害関係者に対するstewardshipとされ,利害調整という目的を含む「stewardship」概念として捉えられるに至ったことを意味する,とされる。次いで観点の移行がみられ,これは従前は財務諸表の作成者の観点から捉えられていた「stewardship」概念が,しかし,アメリカ会計学会(American Accounting Association)(AAA)の1966年の『基礎的会計理論に関するステートメント』(*A Statement of Basic Accounting Theory*)(*ASOBAT*)の公表を契機として,財務諸表の利用者の観点から捉えられる「stewardship」概念へと変容をみ,先述のIASBとFASBによる「stewardshipは意思決定有用性という全体的な目的の一部である」を経て,IASBの2010年公表の『財務報告に関する概念フレームワーク』(*The Conceptual*

---

34 同上,6〜7頁。
35 May, *Financial Accounting*, p.4.
36 メイ／木村(訳)『財務会計』7頁。

Framework for Financial Reporting) においては「受託責任概念は排除され，経済的意思決定概念のみを強調」[37] という状況に至ったのだった[38]。

2010年の『財務報告に関する概念フレームワーク』によって取って代わられることとなったのは国際会計基準委員会 (International Accounting Standards Committee) (IASC) の1989年公表の『財務諸表の作成および表示フレームワーク』(*Framework for the Preparation and Presentation of Financial Statements*) だったが，これは「財務諸表の目的」を次のように説いていた。

> 「財務諸表の目的は，広範な利用者が経済的意思決定を行うにあたり，企業の財政状態，業績及び財政状態の変動に関する有用な情報を提供することにある。……財務諸表はまた，経営者の受託責任又は経営者に委託された資源に対する説明責任の結果も表示する。経営者の受託責任又は説明責任の評価をしたいと考える利用者は，経済的意思決定を行うために，それらの評価を行う。かかる意思決定には，例えば，利用者が当該企業に対する投資を保有又は売却するかどうか，経営者を再任又は交替させるかどうかなどが含まれる」[39]

---

37 椛田「受託責任（会計責任）概念の後退」288頁。

38 同上，259～288頁。

39 国際会計基準委員会財団，企業会計基準委員会（編）／公益財団法人財務会計基準機構（監訳）『国際財務報告基準（IFRS®）2009』2009年，73頁。

ここにはみられた「the stewardship of management, or the accountability of management for the resources entrusted to it」[40] や「the stewardship or accountability of management」[41] は,しかしながら,『財務報告に関する概念フレームワーク』においては以下のように「排除され,経済的意思決定概念のみを強調」という状況に至った,とされる。

「一般目的財務報告の目的は,現在の及び潜在的な投資者,融資者及び他の債権者が企業への資源の提供に関する意思決定を行う際に有用な,報告企業についての財務情報を提供することである。それらの意思決定は,資本性及び負債性金融商品の売買又は保有,並びに貸付金及び他の形態の信用の供与又は決済を伴う」[42]。

ただし,2010年の『財務報告に関する概念フレームワーク』にも下記のように「責任 (responsibility)」はあった。「their responsibilities to use the entity's resources」[43] や「management's discharge of its responsibilities」[44] はこれをどのように捉えるべきか。

---

[40] International Accounting Standards Board, *Framework for the Preparation and Presentation of Financial Statements*, 1989, par. 14.
[41] *Ibid.*, par. 14.
[42] IFRS財団,企業会計基準委員会(編)/公益財団法人財務会計基準機構(監訳)『国際財務報告基準 (IFRS®) 2011』2011年,A 26頁。
[43] International Accounting Standards Board, *The Conceptual Framework for Financial Reporting*, 2010, par. OB 4.
[44] *Ibid.*, par. OB 4.

「現在の及び潜在的な投資者,融資者及び他の債権者は,企業への将来の正味キャッシュ・インフローの見通しを評価するのに役立つ情報を必要としている。……将来の正味キャッシュ・インフローに関する企業の見通しを評価するために,現在の及び潜在的な投資者,融資者及び他の債権者が必要としているのが,企業の資源,企業に対する請求権,及び企業の経営者や統治機関が企業の資源を利用する責任をどれだけ効率的かつ効果的に果たしたかに関する情報である。……経営者の責任の履行に関する情報は,経営者の選択に投票その他の形で影響を与える権利を有する現在の投資者,融資者及び他の債権者の意思決定に関しても有用である」[45]。

ただし,ここに引かれた『財務報告に関する概念フレームワーク』の件(くだり)は「したがって,有用な財務情報の質的特性とは,意思決定に有用な情報,より具体的には,企業の将来正味キャッシュ・インフローの評価に有用な,企業の資源,企業に対する請求権,および企業の経営者や統治機関が企業の資源を利用する責任をどれだけ効率的かつ効果的に果たしたかに関する情報を識別するものであることになる」[46]といったように捉えられており,ただし,本章には要らない「有用な財務情報の質的特性」の説明を省くべく,これに些か手を加えれば,以下のようになる。

---

[45] IFRS財団,企業会計基準委員会(編)/公益財団法人財務会計基準機構(監訳)『国際財務報告基準(IFRS®)2011』A 26頁。
[46] 中山重穂『財務報告に関する概念フレームワークの設定財務情報の質的特性を中心として』2013年,197頁。

> 「有用な財務情報……とは，意思決定に有用な情報，より具体的には，企業の将来正味キャッシュ・インフローの評価に有用な，企業の資源，企業に対する請求権，および企業の経営者や統治機関が企業の資源を利用する責任をどれだけ効率的かつ効果的に果たしたかに関する情報……である」。

やはり，責任は意思決定有用性の一部なのか。

ちなみに，「責任（responsibility）」については「accountability」との関係において以下のようにも説かれる。

> 「responsibility と accountability の相違は学術的な議論の対象でもあるが，われわれの立場からすれば，その差異は本質的な問題ではない。しかも，accountability と responsibility は，どちらも「説明する」（account）や「応答する」（response）という類語に，可能を表す ability が追加されて成立している，非常に近接した用語なのである。この点は，「責任」という漢字とは全く異なる。「責任」を字義どおりに解釈すれば，「任せて責める」で，そこに可能性を意味する用語はないが，accountability や responsibility は「説明できる」「応答できる」という「可能」の意味が含まれている」[47]。

---

[47] 國部克彦『アカウンタビリティから経営倫理へ──経済を超えるために』2017 年，48 頁（（ ）書きは原文）。

閑話休題。それにまた，そもそも「the stewardship or accountability of management」を有していた1989年の『財務諸表の作成および表示フレームワーク』においてさえも「経営者の受託責任又は説明責任の評価をしたいと考える利用者は，経済的意思決定を行うために，それらの評価を行う」とされていた。

叙上のような状況に鑑み，本項に参照された椛田の所説は「二重の受託責任概念」という捉え方をもってしている。

> 「受託責任概念は一種類ではなくて，少なくとも二種類の概念が存在する……。すなわち，これらの両者は，「作成者 = 経営者 = 企業」の視点から受託責任を捉えようとした作成者指向を重視した受託責任概念――これは特に計算を重視して，主として原価・実現主義が多いが，中にはインフレに対応するための時価主義を展開するものもいる――と，利用者側の視点から受託責任を捉えようとした利用者指向を重視した受託責任概念――これは特に計算より開示を優先して，原価・時価情報の開示に力点を置くものが多い――であり……これらの2つを「二重の受託責任概念」と表現した」[48]。

どうして「二重」なのかは不明ながら，如上の二つの「受託責任」概念を考える椛田は「作成者指向を重視した受託責任概念の段階（1900～1960年代）」[49] から「利用者指向を重視した受託責任

---

[48] 椛田「会計における二重の受託責任概念（目的）について」120頁。
[49] 同上，92頁（（ ）書きは原文）。

概念の段階（1960年代以降）」[50]への移行を観察しているが，けだし，そもそも［作成者指向 vs. 利用者指向］ないし［作成者指向 → 利用者指向］という観点をもって stewardship を考えることの意味が定かでない。

「1900〜1960年代」の文献については「経済的意思決定のための有用な情報を提供する，という文言は使用されていない」[51]とされ，あるいは「経済的意思決定目的で重視される「利用者」の視点から理論展開するという発想はなく」[52]とされているが，どうして「経済的意思決定」がなければ「作成者指向」，「利用者」がなければ「作成者指向」なのだろうか。

利害調整と意思決定支援と stewardship

会計の目的ないし機能としては一般に利害調整，意思決定支援，情報提供，説明責任履行などが挙げられ，また，テキストの類いをサーベイしてみると，**表1**に示されるように4通りの立場，すなわち，①利害調整と意思決定支援を挙げる立場，②利害調整と情報提供を挙げる立場，③利害調整，意思決定支援，および説明責任履行を挙げる立場，ならびに④利害調整，情報提供，および説明責任履行を挙げる立場が見受けられる。

---

50 同上，99頁（（　）書きは原文）。
51 椛田「受託責任（会計責任）概念の後退」260頁。
52 同上，262頁。

第7章 stewardshipとaccountability 193

表1 会計の目的・機能の捉え方

	立場①	立場②	立場③	立場④
利害調整	✓	✓	✓	✓
意思決定支援	✓		✓	
情報提供		✓		✓
説明責任履行			✓	✓

　立場①〜④の違いは，意思決定支援と情報提供のどちらを挙げるか，という点と，説明責任履行を挙げるか否か，という点であって，他方また，ここには種々の論点が認められよう。

　まず意思決定支援と情報提供についてはときに「財務会計の機能には，大別して，利害調整機能……と情報提供機能または意思決定支援機能……とがある」[53] などともされ，この場合には［情報提供機能 ＝ 意思決定支援機能］とされていることになるが，これをどう考えるか。

　次いで，いまさらながら，説明責任ないし会計責任とは何か。stewardshipとaccountabilityの関係はこれをどう捉えるか。

　ただし，叙上の2点については既にかなり論じている[54] ため，まずはさて措く。ただし，さて措きながらも，些か私見を示しておけば，筆者は［利害調整機能 vs. 情報提供機能］といったように利害調整機能と情報提供を同次元のものとして扱うことには違和感があり，したがって，立場②と立場④には与しない。また，「the stewardship or accountability of management」とされ，

---

53 広瀬義州『財務会計（第13版）』2015年，12頁。
54 友岡賛『会計学原理』2012年，第2章。
　　 友岡賛『会計学の基本問題』2016年，第2章。

あるいは「受託責任(会計責任)」[55]とされるように，stewardshipとaccountability，あるいは受託責任ないし財産管理責任と説明責任ないし会計責任が重ね合わせて捉えられることが少なくないなか，筆者はこの両者は次元を異にし，峻別されるべきものと考える。なお，「受託責任(会計責任)」とする向きも「accountabilityという用語は，辞書的には「責任」や「法的責任」を伴った「説明責任」であるのに対して，stewardshipという用語は，辞書的には「責任」や「法的責任」を伴った「説明責任」を内包していないものと理解できる。これは，account-abilityとstewardshipという用語の意味内容が，本来的に異なった概念であることを暗示している」[56]としているが，「辞書的には」これは当たり前のことであって，筆者はつとに「steward」は「財産管理人」，「stewardship」は「財産管理人の職」とすべきであって，「責任」概念については「stewardshipにおける責任」すなわち「財産管理人の職における責任」としている[57]。

ところで，本章には「stewardship」概念の拡張という状況への言及があり，これは種々の利害関係者に対するstewardship，利害調整という目的を含む「stewardship」概念として捉えられるに至ったという状況だったが，他方，stewardshipが意思決定

---

55 椛田「英米における受託責任(会計責任)概念の歴史と諸相」36頁(( )書きは原文)。
　椛田「受託責任(会計責任)概念の後退」258頁(( )書きは原文)。
56 椛田「英米における受託責任(会計責任)概念の歴史と諸相」39頁。
57 友岡賛「＜stewardship＞──イギリス会計史：19世紀」『三田商学研究』第33巻第1号，1990年，2頁。

有用性の一部に位置付けられるという状況に至ったことも述べられ，また，そうした状況に至る前にも「経営者の受託責任又は説明責任の評価をしたいと考える利用者は，経済的意思決定を行うために，それらの評価を行う」とされていた。

stewardshipは利害調整と意思決定支援のいずれと親和性が高いのか。前出のオコンネルが会計のstewardshipに関わる目的と意思決定有用性に関わる目的の間に潜在する「二律背反の関係」に言及していたことが想起される。

既述のように，「stewardship」概念の後退が指摘されているが，その一方，利益数値の重要性の低下と結び付けて捉えられる利害調整機能の後退も指摘されており[58]，ともに後退をみていることをもって親和性が高いとするのは飛躍だろうか。

また，叙上のように，利害調整機能の後退は利益数値の重要性の低下と結び付けて捉えられるものだったが，漸う利益の地位も回復をみたともされる[59]方今にあって，かつて排除された「stewardship」が2018年公表の『財務報告に関する概念フレームワーク』において復活，果たしてこれは偶さかのことだろうか。

「Investors', lenders' and other creditors' expectations about returns depend on their assessment of the amount, timing and uncertainty of (the prospects for) future net cash inflows

---

58 友岡『会計学原理』80～81頁。
59 斎藤静樹「会計研究の再構築——実証なき理論と理論なき実証を超えて」日本会計研究学会第77回大会特別講演（井尻雄士記念会計基礎研究国際講演），2018年。

to the entity and on their assessment of management's *stewardship* of the entity's economic resources. Existing and potential investors, lenders and other creditors need information to help them make those assessments」[60]。

accountability   さて，いまさらながら，accountabilityとは何か。

まずは会計学の代表的なテキストをサーベイしてみよう。

「会計は，初めは，財産の所有者からその管理運用を委託された者が自己の会計責任（accountability）を明らかにするために，委託者へ報告するためのものであったと考えられている。……ついで地中海貿易の時代に入ると……組合の形態を採る企業が次第に多くなってきた。……組合会計においては，会計は上にのべた会計責任を明確にすることに加えて，いま1つ重要な役割を果すことが要請されるようになる。すなわち，分配されるべき利益の額または負担されるべき損失の額の計算である。……株式会社が出現すると，企業の利害関係者の集団が増大し，それにつれて，会計の役割は飛躍的にその範囲を拡げるようになった」[61]。

---

[60] International Accounting Standards Board, *Conceptual Framework for Financial Reporting*, 2018, par. 1.3.
[61] 飯野利夫『財務会計論（3訂版）』1993年, 1-2頁（（ ）書きは原文）。

「会計責任を明らかにする」とはどういうことか。

> 「"accounting"（会計）という用語の語源は，"account for"であるといわれているように，もともと「説明する」または「弁明する」という意味をもっており，今日，"accountability"という用語は，説明責任の意味で広く用いられている。このことから明らかなように，会計は財産を受託〔ママ〕された者がこれを委託した者に対して財務諸表等の会計数値を用いてその責任を明らかにする役割をもっているといえる。この説明責任の・同・義として，また場合によっては説明責任を包摂する広い意味で，受託責任（stewardship）という用語が用いられる」[62]。

「説明責任の同義として……受託責任という用語が用いられる」という件に留意される。

> 「一般に資源の運用を委ねられた者は，その資源をどう運用し，どれだけの成果をあげたかについて説明する義務を負う。これを「説明責任」（accountability）あるいは「会計責任」という。……一定の資源の運用・管理を委託された者は，その委託者に対して自分のとった行動の結果を示し，そうなった原因を説明し，それが承認されて初めて，その責任を解除されるのである。……この点で，会計は・受・託・責・任を解明するメカニズムとして機能している。こうした機能を重視した会計

---

[62] 広瀬『財務会計（第13版）』123頁（（　）書きは原文）。

を「受託責任会計」(stewardship accounting) と呼ぶこともある」[63]。

このテキストは企業会計の主要な機能の筆頭に如上の「責任解明メカニズム」[64] を挙げている点が注目される。

「経営者が受託責任を常に誠実に遂行するとは限らないことから，株主との間で利害が対立する可能性がある。……対立の解消を促進するため……生まれてきたのが，経営者から株主への会計報告である。……経営者は株主からの信頼を得て自己の地位を確保するため，自己が株主の利益に合致するよう誠実に行動したことを伝達する手段として，受託資金の管理・運用の状況とその結果としての経営成績を自発的に報告する動機を有する。他方，株主は経営者による資金管理の誠実性と事業遂行能力に注目しており，その判断のための基礎として，会計報告を要求することになる。そしてその報告に基づいて経営者が不適切であると判断した株主は，株主総会で議決権を行使して経営者の解任や不再選を通じて自己の権利を保全することができるのである。経営者が株主に対してこのような会計報告を行うべき責任を会計責任（accountability）という」[65]。

---

63 伊藤邦雄『新・現代会計入門（第3版）』2018年，50〜51頁（（　）書きは原文）。
64 同上，50頁。
65 桜井久勝『財務会計講義（第19版）』2018年，7〜8頁（（　）書きは原文）。

このテキストは「経営者の報酬を利益額に連動させる……業績連動報酬制度のもとでは,経営者が自己の報酬を増加させるために適切な経営を行えば行うほど,企業の利益が増加して株主にも利益になる」[66]ことにも言及の上,「このようにして株主と経営者の間での利害調整のメカニズムの1つとして,財務会計の生み出す報告書や,そこに計上される利益数字が役立てられている」[67]としており,ここでは利益と利害調整とaccountabilityが結び付けられており,前項に言及されたstewardshipと利害調整および利益の親和性の可能性が想起されるが,ただし,受託責任とaccountabilityの関係が不明にして,また,「自発的に報告する動機を有する」ことの捉え方も不明である。なお,「自発的に報告する動機を有する」ことを重くみる「筆者(友岡)の……立場からすると,会計を論ずる際に……「責任」という概念が用いられることはない」[68]。

また,会計学者ではあるものの,会計学上のaccountabilityではなく,accountability一般を俎上に載せる碓氷悟史によれば,「アカウンタビリティとは,力(権限等)の付与または力の行使に関して課された責任を果たしたかどうかを説明する責任で」[69]あるとされ,これは「力を与えられた者が,力を与えた者に対して果たさなければならない説明の義務であり,そして力を行使した者が,その力の行使によって影響を受ける者に対して果たさな

66　同上,8頁。
67　同上,8頁。
68　友岡『会計学原理』70頁。
69　碓氷悟史『アカウンタビリティ入門——説明責任と説明能力』2001年,4頁。

ければならない説明の義務であ」[70]ると敷衍される。

しかしながら，他方，「accountability」を「説明責任」とすることに否定的な向きがある。

この向きは「accountability」をもって「「自己の行為を説明し正当化する義務で，説明者はその義務を果たさない場合には懲罰を受ける可能性を持つ」という概念」[71]と捉え，これが「説明責任に言い換えられた途端……関係者に事情を説明する責任といった意味合いになってしまう」[72]とし，「懲罰を伴う事後的な報告責任から，結果を説明する責任に変化し」[73]しまうことを問題視する。

すなわち，「我が国での説明責任への日本語化に伴う意味の変容」[74]を問題視するこの向きは，ただしまた，「米国や英国ではアカウンタビリティの歴史的発展経緯に着目し，財務的アカウンタビリティ，経営的アカウンタビリティ及びプログラム・アカウンタビリティの三つに区分する。……ここで財務的アカウンタビリティは古代ギリシャや中世王政における資金や財産の保全責任を意味し，経営的アカウンタビリティは資源の効率的な管理責任，プログラム・アカウンタビリティは資源投資が効果的な結果を得

---

70 同上，4頁。
71 山本清『アカウンタビリティを考える——どうして「説明責任」になったのか』2013年，ⅱ頁。
72 同上，ⅱ頁。
73 同上，33頁。
74 同上，219頁。

ているかの責任を指す」[75] とし,あるいは「アカウンタビリティは,その古典的な形態では市民(又は王)の資源受託者が市民(又は王)に負う二者間の受託責任であった。企業の場合では,出資者である株主に経営者が負う受託責任であった」[76] としており,ここにおいては受託責任とaccountabilityが重なり合い,「懲罰を伴う事後的な報告責任」の在処が判然しない。

stewardshipとaccountabilityの捉え方の類型

畢竟,むろん,統一的な解釈などあるはずもなく,また,種々の解釈はそもそも前提からして同様ではないことが窺われ,したがって,整理,類型化も難しいが,筆者は以前より会計学上のstewardshipとaccountabilityについて下記の3通りの捉え方の存在を指摘してきている。

捉え方①　受託責任 ＝ 財産管理責任 ＋ 会計責任
　　　　　会計責任は受託責任に含まれる。
捉え方②　受託責任 ＝ 財産管理責任
　　　　　会計責任は受託責任とは別にある。
捉え方③　会計責任 ⊃ 財産管理責任（受託責任）
　　　　　会計責任の存在は財産管理責任の存在を含意している。

75　同上,50頁。
76　同上,72頁((　)書きは原文)。

捉え方①~③についての他著における解説は，ここに再録することなく，該著[77]に譲ることとして，ただし，ほかに些か附言しておきたい。

　捉え方①にあっては「受託責任」をもって広義のstewardship（における責任），あるいは「財産管理責任」をもって狭義のstewardship（における責任）ともされようが，捉え方②に鑑み，あるいは捉え方③に鑑みるに，いまさらながら，「stewardship（における責任）」の適訳は「財産管理責任」か，それとも「受託責任」かと問いたくなる。既述のように，むろん，辞書的には「steward」は「財産管理人」，「stewardship」は「財産管理人の職（における責任）」とされるべきながら，文献をサーベイしてみると，大多数は「財産管理責任」ではなく，「受託責任」の訳を用いている。もっとも「steward」，すなわち「財産管理人」の語は，例えば代理（エージェンシー）理論において代理人（エージェント）が本人（プリンシパル），すなわち所有者本人と対置されるように，財産の所有者が自ら財産を管理するのではなくして，所有者に非ざる者が委託されて管理を担う，ということを含意しており，したがって，ここにおける財産管理行為は受託行為として行われるものにほかならず，しかも，先述のように，「stewardship」概念の拡張がみられ，種々の利害関係者間の利害調整という目的を含む「stewardship」概念として捉えられるに至った場合，受託責任は財産管理責任に限られるものではなくなるかもしれないが，これは企業観，会計学業界的にいえば，会計主体観，要するに，種々の利害関係者の捉え方に

---

[77] 友岡『会計学原理』52~54頁。
　　友岡『会計学の基本問題』37~39頁。

よって決せられる問題といえようか。

◆◆ 文献リスト ◆◆

會田義雄『簿記講義』国元書房, 1979年。

足立浩『現代管理会計論再考——会計と管理, 会計と非会計を考える』創成社, 2018年。

アメリカ会計学会（American Accounting Association）/中島省吾（訳編）『A. A. A. 会計原則（増補版）』中央経済社, 1964年。

アメリカ会計学会（American Accounting Association）/飯野利夫（訳）『基礎的会計理論』国元書房, 1969年。

アメリカ公認会計士協会（American Institute of Certified Public Accountants）/渡辺進, 上村久雄（訳）『会計研究公報・会計用語公報』神戸大学経済経営研究所, 1959年。

R. N. アンソニー（R. N. Anthony）/佐藤倫正（訳）『財務会計論』白桃書房, 1989年。

ロバート・アンソニー（Robert Anthony）, レスリー・パールマン（Leslie Pearlman）/西山茂（監訳）『会計学入門』東洋経済新報社, 2002年。

ロバート・アンソニー（Robert Anthony）, レスリー・ブライトナー（Leslie Breitner）/西山茂（監訳）『会計学入門（第2版）』東洋経済新報社, 2007年。

淺田孝幸「戦略管理会計の考察」淺田孝幸, 伊藤嘉博（責任編集）『体系現代会計学［第11巻］ 戦略管理会計』中央経済社, 2011年。

馬場克三（責任編集）『近代会計学大系［第10巻］ 理論会計研究』中央経済社, 1968年。

馬場克三「序文」馬場克三（責任編集）『近代会計学大系［第10巻］ 理論会計研究』中央経済社, 1968年。

マイク・ブルースター（Mike Brewster）/友岡賛（監訳）, 山内あゆ子（訳）『会計破綻——会計プロフェッションの背信』税務経理協会, 2004年。

全在紋『会計言語論の基礎』中央経済社, 2004年。

醍醐聰「サロン・ド・クリティーク」『企業会計』第39巻第1号, 1987年。

Financial Accounting Standards Board, Statement of Financial Accounting Concepts No. 3, *Elements of Financial Statements by Business Enterprises*, 1980.

Financial Accounting Standards Board, Statement of Financial Accounting Concepts No. 5, *Recognition and Measurement in Financial Statements of Business Enterprises*, 1984.

Financial Accounting Standards Board, Statement of Financial Accounting Concepts No. 6, *Elements of Financial Statements*, 1985.

藤田敬司『現代資産会計論』中央経済社, 2005年。

福井義高「ヒックス『価値と資本』の所得概念に関するノート」ワーキング・ペーパー, 青山ビジネススクール, 2010年。

福岡正夫『経済学の考え方』泉文堂, 1978年。

福岡正夫『ゼミナール経済学入門(第4版)』日本経済新聞出版社, 2008年。

福岡正夫『経済学の考え方(新版)』泉文堂, 2017年。

八馬高明『理論分類学の曙』武田書店, 1987年。

濱田弘作, 斎藤幹朗, 佐々木昭久『制度会計原理』中央経済社, 1996年。

長谷川茂「会計と社会言語的特性」飯野利夫先生喜寿記念論文集刊行会(編)『財務会計の研究——飯野利夫先生喜寿記念論文集』税務経理協会, 1995年。

J. R. ヒックス (J. R. Hicks)/安井琢磨, 熊谷尚夫 (訳)『価値と資本 I』岩波書店, 1951年。

平井克彦『引当金会計論』白桃書房, 1991年。

広瀬義州『財務会計』中央経済社, 1998年。

広瀬義州『財務会計(第13版)』中央経済社, 2015年。

IFRS財団, 企業会計基準委員会(編)/公益財団法人財務会計基準機構(監訳)『国際財務報告基準(IFRS®) 2011』中央経済社, 2011年。

飯野利夫『財務会計論』同文舘出版,1977年。

飯野利夫『財務会計論(3訂版)』同文舘出版,1993年。

池田幸弘「平成28年度学位記授与式式辞(通信教育課程)」『三色旗』第812号,2017年。

International Accounting Standards Board, *The Conceptual Framework for Financial Reporting*, 2010.

International Accounting Standards Board, *Conceptual Framework for Financial Reporting*, 2018.

International Accounting Standards Committee, *Framework for the Preparation and Presentation of Financial Statements*, 1989.

石井淳蔵,栗木契,嶋口充輝,余田拓郎『ゼミナール マーケティング入門(第2版)』日本経済新聞出版社,2013年。

伊丹敬之,加護野忠男『ゼミナール経営学入門(第3版)』日本経済新聞社,2003年。

伊藤邦雄『ゼミナール現代会計入門』日本経済新聞社,1994年。

伊藤邦雄『新・現代会計入門』日本経済新聞出版社,2014年。

伊藤邦雄『新・現代会計入門(第3版)』日本経済新聞出版社,2018年。

伊藤徳正「資産の会計」佐藤倫正,向伊知郎(編著)『ズバッ!とわかる会計学』同文舘出版,2014年。

伊崎義憲『会計学論考』創成社,1979年。

伊崎義憲『会計と意味』同文舘出版,1988年。

H. T. ジョンソン(H. Thomas Johnson), R. S. キャプラン(Robert S. Kaplan)/鳥居宏史(訳)『レレバンス・ロスト——管理会計の盛衰』白桃書房,1992年。

椛田龍三「会計における二重の受託責任概念(目的)について」『大分大学経済論集』第65巻第2号,2013年。

椛田龍三「英米における受託責任(会計責任)概念の歴史と諸相」安藤英義(編著)『会計における責任概念の歴史——受託責任ないし会計責任』中央経済社,2018年。

椛田龍三「受託責任(会計責任)概念の後退」安藤英義(編著)『会計に

おける責任概念の歴史——受託責任ないし会計責任』中央経済社, 2018年。

兼清弘之『経済学の考え方』文化書房博文社, 1994年。

ロバートS. キャプラン (Robert S. Kaplan), アンソニー A. アトキンソン (Anthony A. Atkinson)／浅田孝幸, 小倉昇 (監訳)『管理会計 上』中央経済社, 1996年。

笠井昭次『会計の論理』税務経理協会, 2000年。

笠井昭次「貨幣性資産・費用性資産分類論の総合的検討——認識・測定規約を巡って(5)」『三田商学研究』第45巻第6号, 2003年。

笠井昭次『現代日本会計学説批判——評価論に関する類型論的検討 ［第2巻］』慶應義塾大学出版会, 2010年。

笠井昭次『現代日本会計学説批判——評価論に関する類型論的検討 ［第4巻］』慶應義塾大学出版会, 2010年。

片岡寛光『責任の思想』早稲田大学出版部, 2000年。

勝尾裕子「包括利益の「理論的根拠」としての経済的所得」辻山栄子 (編著)『財務会計の理論と制度』中央経済社, 2018年。

川本淳, 野口昌良, 勝尾裕子, 山田純平, 荒田映子『はじめて出会う会計学』有斐閣, 2009年。

木村重義「資産会計の基本問題」片野一郎 (責任編集)『近代会計学大系 ［第4巻］ 資産会計論』中央経済社, 1970年。

Thomas A. King, *More Than a Numbers Game : A Brief History of Accounting*, John Wiley & Sons, 2006.

トーマス A. キング (Thomas A. King)／友岡賛 (訳)『歴史に学ぶ会計の「なぜ?」——アメリカ会計史入門』税務経理協会, 2014年。

北村敬子「資産負債観と財産法」北村敬子, 新田忠誓, 柴健次 (責任編集)『体系現代会計学 ［第2巻］ 企業会計の計算構造』中央経済社, 2012年。

國部克彦『アカウンタビリティから経営倫理へ——経済を超えるために』有斐閣, 2017年。

国際会計基準委員会財団, 企業会計基準委員会 (編)／公益財団法人財務

会計基準機構（監訳）『国際財務報告基準（IFRS®）2009』中央経済社, 2009 年。

小宮山賢「オフバランス取引と時価評価」醍醐聰（編）『時価評価と日本経済』日本経済新聞社, 1995 年。

久保田秀樹『財務会計教科書』中央経済社, 2018 年。

久我勝利『知の分類史――常識としての博物学』中公新書ラクレ, 2007 年。

倉地幹三「「会計学における説明・証明の在り方」についての一考察」飯野利夫先生喜寿記念論文集刊行会（編）『財務会計の研究――飯野利夫先生喜寿記念論文集』税務経理協会, 1995 年。

黒澤清『会計学』千倉書房, 1933 年。

黒澤清『近代会計学』春秋社, 1951 年。

黒澤清（主編）『体系近代会計学』中央経済社, 1959～1967 年。

黒澤清（主編）『近代会計学大系』中央経済社, 1968～1976 年。

黒沢清『会計』一橋出版, 1976 年。

黒澤清（総編集）『体系近代会計学』中央経済社, 1979～1985 年。

黒澤清『近代会計学入門』中央経済社, 1984 年。

松尾憲橘（責任編集）『体系近代会計学［第 14 巻］ 理論会計学』中央経済社, 1981 年。

George O. May, *Financial Accounting : A Distillation of Experience*, Macmillan, 1943.

G. O. メイ（G. O. May）／木村重義（訳）『財務会計――経験の蒸溜』ダイヤモンド社, 1957 年。

三代澤経人『会計過程論』中央経済社, 2005 年。

溝口一雄「序文」溝口一雄（責任編集）『体系近代会計学［第 4 巻］ 業績評価会計』中央経済社, 1979 年。

村瀬儀祐「会計認識拡大理論の制度機能」加藤盛弘（編著）『現代会計の認識拡大』森山書店, 2005 年。

鍋島達（責任編集）『近代会計学大系［第 6 巻］ 意思決定会計論』中央経済社, 1969 年。

鍋島達「序文」鍋島達（責任編集）『近代会計学大系［第 6 巻］ 意思決定

会計論』中央経済社, 1969 年。

中村文彦『簿記の思考と技法』森山書店, 2018 年。

中村萬次『減価償却政策』中央経済社, 1960 年。

中村萬次『英米鉄道会計史研究』同文舘出版, 1991 年。

中村忠『新稿　現代会計学（9 訂版)』白桃書房, 2005 年。

中尾佐助『分類の発想——思考のルールをつくる』朝日選書, 1990 年。

中田信正『税務会計要論（新訂第 2 版)』同文舘出版, 2015 年。

中山重穂『財務報告に関する概念フレームワークの設定財務情報の質的特性を中心として』成文堂, 2013 年。

成道秀雄「総説」成道秀雄（編著）『税務会計論（新版第 3 版)』中央経済社, 2011 年。

成田和信『責任と自由』勁草書房, 2004 年。

成田修身『減価償却の史的展開』白桃書房, 1985 年。

成田修身『現代会計学の科学的構築——歴史・理論・政策』白桃書房, 1990 年。

日本会計研究学会 50 年史編集委員会（編）『日本会計研究学会 50 年史』日本会計研究学会, 1987 年。

西川郁夫『会計基準の考え方——学生と語る 23 日』税務経理協会, 2018 年。

Vincent O'Connell, 'Reflections on Stewardship Reporting,' *Accounting Horizons*, Vol. 21, No. 2, 2007.

興津裕康『現代制度会計（改訂版)』森山書店, 1999 年。

興津裕康「取得原価と時価」岸悦三（編著）『近代会計の思潮』同文舘出版, 2002 年。

奥野正寛（編著）『ミクロ経済学』東京大学出版会, 2008 年。

太田哲三『会計学綱要』巌松堂, 1922 年。

太田哲三『会計学概論』高陽書院, 1932 年。

太田哲三『会計学概論（改訂増補版)』高陽書院, 1935 年。

太田哲三『会計学』千倉書房, 1946 年。

太田哲三『会計学（新版)』千倉書房, 1951 年。

太田哲三『会計学通論』中央経済社，1962年。

太田哲三『近代会計側面誌——会計学の60年』中央経済社，1968年。

太田哲三『会計学原理』同文舘出版，1969年。

大雄智「企業会計における持分概念——残余請求権者をどうとらえるか」辻山栄子（編著）『財務会計の理論と制度』中央経済社，2018年。

Theodore M. Porter, *Trust in Numbers : The Pursuit of Objectivity in Science and Public Life*, Princeton University Press, 1995.

セオドア M. ポーター（Theodore M. Porter）／藤垣裕子（訳）『数値と客観性——科学と社会における信頼の獲得』みすず書房，2013年。

斎藤静樹，安藤英義，伊藤邦雄，大塚宗春，北村敬子，谷武幸，平松一夫（総編集）『体系現代会計学』中央経済社，2010～2014年。

斎藤静樹「渡邉泉著『会計学の誕生——複式簿記が変えた世界（書評）』」『産業經理』第78巻第1号，2018年。

斎藤静樹「会計研究の再構築——実証なき理論と理論なき実証を超えて」日本会計研究学会第77回大会特別講演（井尻雄士記念会計基礎研究国際講演），2018年。

坂本賢三『「分ける」こと「わかる」こと』講談社学術文庫，2006年。

桜井久勝『財務会計講義』中央経済社，1994年。

桜井久勝『財務会計講義（第6版）』中央経済社，2005年。

桜井久勝『財務会計講義（第7版）』中央経済社，2006年。

桜井久勝『財務会計講義（第17版）』中央経済社，2016年。

桜井久勝『財務会計講義（第19版）』中央経済社，2018年。

澤登千恵「株式会社制度確立期の財務報告実務」中野常男，清水泰洋（編著）『近代会計史入門』同文舘出版，2014年。

志賀理『会計認識領域拡大の論理』森山書店，2011年。

Joseph E. Stiglitz and Carl E. Walsh, *Economics*, 4th ed., W.W. Norton, 2006.

ジョセフ E. スティグリッツ（Joseph E. Stiglitz），カール E. ウォルシュ（Carl E. Walsh）／藪下史郎，秋山太郎，蟻川靖浩，大阿久博，木立力，宮田亮，清野一治（訳）『ミクロ経済学（第4版）』東洋経済

新報社,2013年。
ジョセフ E. スティグリッツ (Joseph E. Stiglitz), カール E. ウォルシュ (Carl E. Walsh) ／藪下史郎, 秋山太郎, 蟻川靖浩, 大阿久博, 木立力, 宮田亮, 清野一治 (訳)『マクロ経済学 (第4版)』東洋経済新報社, 2014年。

武田昌輔『新講 税務会計通論 (最新版)』森山書店, 1995年。

武田隆二『制度会計論』中央経済社, 1982年。

瀧川裕英『責任の意味と制度——負担から応答へ』勁草書房, 2003年。

田中弘『新財務諸表論』税務経理協会, 2005年。

田中建二『オフバランス取引の会計』同文舘出版, 1991年。

田崎智宏「『アカウンタビリティから経営倫理へ——経済を超えるために』(書評)」『書斎の窓』第657号, 2018年。

時永淑『経済学の考え方——原論体系の史的生成と展開をめぐって』法政大学出版局, 1987年。

富岡幸雄『税務会計学講義 (新版第3版)』中央経済社, 2013年。

友岡賛「「真実且つ公正なる概観」考＜その2＞——アーガイル・フーズ社の事例を中心に」『三田商学研究』第29巻第3号, 1986年。

友岡賛「＜stewardship＞——イギリス会計史：19世紀」『三田商学研究』第33巻第1号, 1990年。

友岡賛『歴史にふれる会計学』有斐閣, 1996年。

友岡賛『株式会社とは何か』講談社現代新書, 1998年。

友岡賛「はしがき」友岡賛 (編)『会計学の基礎』有斐閣, 1998年。

友岡賛『なぜ「会計」本が売れているのか？——「会計」本の正しい読み方』税務経理協会, 2007年。

友岡賛『会計学はこう考える』ちくま新書, 2009年。

友岡賛『会計学原理』税務経理協会, 2012年。

友岡賛『会計学の基本問題』慶應義塾大学出版会, 2016年。

友岡賛『会計と会計学のレーゾン・デートル』慶應義塾大学出版会, 2018年。

友岡賛『会計の歴史 (改訂版)』税務経理協会, 2018年。

友岡賛『日本会計史』慶應義塾大学出版会，2018年。

植野郁太『財務会計論』有斐閣，1960年。

碓氷悟史『アカウンタビリティ入門――説明責任と説明能力』中央経済社，2001年。

宇沢弘文『経済学の考え方』岩波新書，1989年。

Hal R. Varian, *Intermediate Microeconomics : A Modern Approach*, 9th ed., W. W. Norton, 2014.

ハル R. ヴァリアン（Hal R. Varian）／佐藤隆三（監訳）『入門ミクロ経済学（原著第9版）』勁草書房，2015年。

若杉明『制度会計論』森山書店，1987年。

山田真哉『さおだけ屋はなぜ潰れないのか？――身近な疑問からはじめる会計学』光文社新書，2005年。

山形休司『FASB財務会計基礎概念』同文舘出版，1986年。

山地秀俊「ハットフィールド」神戸大学会計学研究室（編）『会計学辞典（第6版）』同文舘出版，2007年。

山桝忠恕「会計学の対象と方法――会計学の基礎」『税経セミナー』第30巻第1号，1985年。

山桝忠恕，嶌村剛雄『体系財務諸表論　理論篇』税務経理協会，1973年。

山桝忠恕，嶌村剛雄『体系財務諸表論　基準篇』税務経理協会，1973年。

山桝忠恕，嶌村剛雄『体系財務諸表論　理論篇（4訂版）』税務経理協会，1992年。

山本清『アカウンタビリティを考える――どうして「説明責任」になったのか』NTT出版，2013年。

山﨑尚「リース会計基準にみる資産の認識拡大――負債の認識を目的とした資産の認識拡大」辻山栄子（編著）『財務会計の理論と制度』中央経済社，2018年。

横山和夫『引当金会計制度論――日本における引当金会計制度の史的変遷』森山書店，2013年。

吉田寛『会計理論の基礎』森山書店，1974年。

吉田政幸『分類学からの出発――プラトンからコンピュータへ』中公新書，

1993 年。

吉田良三『会計学』同文館,1910 年。

行待三輪『はじめて学ぶ国際会計論』創成社,2018 年。

財務会計基準審議会(Financial Accounting Standards Board)／平松一夫,広瀬義州(訳)『FASB財務会計の諸概念(増補版)』中央経済社,2002 年。

◆◆ 索　引 ◆◆

あ行

意思決定支援　　71, 72, 192, 193, 195
意思決定有用性　　182, 183, 184, 186, 190, 195
意思決定有用性接近法　　173, 175
エキスパート・ジャッジメント　162
太田哲三　　20, 22, 23, 26, 27, 29
オン・バランス項目　　157, 158, 160, 164, 165, 169
オフ・バランス取引　　157, 158, 166, 168, 169
オン・バランス化　　159, 165, 168, 176

か行

会計公準　　29, 31, 77
会計責任　　32, 179, 181, 182, 193, 194, 196, 197, 198, 201
外部報告会計　　133, 141, 142, 144, 146, 147, 148, 151
貸付金　　105, 116, 117, 118, 119, 120, 121, 188
カネ勘定　　49, 50, 55, 56
カネ儲け　　49, 50, 55, 56
貨幣性資産　　111, 112, 113, 115, 116, 117, 118, 119, 120, 121, 122, 123, 125, 126
管理会計　　14, 15, 16, 17, 28, 35, 36, 37, 49, 50, 57, 59, 60, 61, 131, 132, 133, 136, 137, 141, 142, 143, 144, 148, 149, 150, 151, 152
管理会計論　　15, 60, 131, 150
機会費用　　57, 58, 59, 60, 61, 72, 84
期間　　53, 54, 55, 78, 79, 80
期間計算　　54
企業会計原則　　21, 26, 29, 32, 33, 40, 88, 92, 146
規制会計　　131, 133, 136, 137, 142, 143, 144, 148, 151, 152
規則主義　　161, 163
客観性　　59, 95, 160, 161, 162, 163, 164, 170
記録　　94, 95, 96, 107, 156, 173, 174
黒澤清　　20, 30, 31
経済学　　1, 2, 11, 12, 13, 14, 15, 33, 43, 47, 48, 51, 52, 53, 54, 57, 58, 61, 62, 63, 66, 67, 68, 72, 73, 77, 82, 84, 85, 91, 93, 94, 111, 113, 116, 125
経済学的な考え方 vs. 会計学的な考え方　　42, 43
計算　　25, 29, 35, 38, 40, 52, 53, 55, 61, 63, 94, 95, 96, 134, 135, 148, 191
継続企業　　77, 78, 79, 80
減価　　81, 83
原価会計　　17, 129, 133, 136,

149, 151
原価計算　18, 23, 29, 35, 130, 131, 132, 133
減価償却　18, 23, 26, 27, 30, 37, 39, 69, 77, 80, 81, 82, 83, 84, 85, 91, 92, 93, 97, 99, 100
原価配分　82, 91, 92, 99, 100
現金主義 vs. 発生主義　42, 89
原則主義　161, 163, 164
固定資産　23, 29, 30, 31, 37, 39, 40, 69, 79, 80, 82, 85, 99, 100, 111, 116, 119, 125

さ行

財産管理責任　179, 194, 201, 202
財産法　41, 42, 55, 61, 62, 63, 64, 65, 66, 69
財産法 vs. 損益法　41, 42, 55, 61, 65
財務　133, 135, 143, 185
財務会計　14, 16, 17, 31, 32, 33, 35, 36, 37, 39, 40, 49, 50, 61, 107, 110, 129, 131, 132, 133, 137, 138, 140, 141, 142, 143, 144, 146, 147, 148, 149, 150, 151, 152, 165, 170, 173, 183, 185, 193, 199
財務会計論　16, 17, 28, 29, 31, 33, 34, 37, 60, 131
3分法　123
時価　24, 65, 66, 69, 70, 95, 168, 169, 170
事業の言語　129, 130, 152
資金準備　82, 91, 100

自己金融効果　91
資産　19, 30, 37, 38, 39, 40, 82, 86, 87, 88, 98, 99, 103, 104, 105, 106, 107, 108, 110, 111, 112, 114, 115, 116, 118, 119, 120, 121, 122, 125, 156, 157, 159, 164, 165, 166, 167, 168, 173, 174
資産評価　19, 23, 24, 39, 82, 84, 91, 99
資産負債アプローチ vs. 収益費用アプローチ　41, 42, 93
実質優先思考　159, 160, 163, 164, 169
資本の循環プロセス　111
受託責任　179, 187, 191, 194, 195, 197, 198, 199, 201, 202
準備金　22, 23, 86, 87, 96, 97, 98
情報会計　139, 140, 141, 142, 143, 144, 145
情報提供　67, 68, 94, 192, 193
情報利用者指向的会計　139, 144, 169, 170, 172, 173
ストック vs. フロー　41, 93
静態論 vs. 動態論　17
制度会計　134, 135, 136, 138, 139, 140, 141, 142, 143, 144, 145, 146, 148, 169, 170
税務会計　29, 30, 129, 131, 133, 134, 135, 137, 138, 141, 142, 143, 144, 146, 148, 149, 151, 152
責任　84, 179, 180, 181, 182, 188, 189, 190, 194, 197, 198, 199, 200, 201, 202

た行

説明責任　179, 181, 182, 187, 191, 193, 194, 195, 197, 200

適正な期間損益計算　91, 92, 94, 99, 100

鉄道会社　97, 100

depreciation　80, 81, 82, 83, 84, 100

土地　103, 105, 118, 119, 120, 121

取引　25, 28, 59, 103, 107, 108, 155, 156, 157, 158, 159, 163, 164, 165, 166, 167, 168

な行

内部報告会計　133, 136, 141, 142, 144, 148, 151

2分法　120, 121, 122, 123, 139, 140, 151

認識　25, 60, 61, 62, 80, 87, 89, 90, 126, 130, 155, 157, 158, 159, 164, 166, 171, 172, 173, 174

は行

発生主義　31, 42, 43, 54, 69, 77, 79, 80, 88, 89, 90, 91, 93

判断　12, 71, 157, 161, 162, 163, 166, 171, 172, 185, 198

非貨幣性資産　111, 112, 113, 115, 116, 117, 118, 119, 120, 121, 122, 123, 125, 126

引当金　86, 88, 96, 98, 99

非制度会計　141, 142, 143, 144, 145, 148

ヒックス, J. R.　15, 52, 53, 54, 62, 63, 64, 65, 66

標準化　162, 163

費用性資産　104, 111, 113, 115, 116, 117, 118, 119, 120, 121, 122, 123, 125, 126

分類　14, 30, 37, 59, 60, 110, 111, 112, 113, 115, 116, 117, 118, 119, 120, 121, 122, 123, 124, 125, 132, 133, 136, 137, 141, 142, 143, 144, 151, 152

方言　129, 130, 132, 136, 137, 149, 150, 151, 152

法定会計　129, 133, 136

ま行

○○のための会計　133, 135, 136

や行

有価証券　23, 39, 40, 116, 118, 119, 120, 121

有用性　69, 70, 71, 72, 105

吉田良三　16, 18

ら行

リース　159

利害調整　151, 186, 192, 193, 194, 195, 199, 202

利益　25, 51, 52, 53, 54, 55, 56, 57, 58, 61, 62, 63, 65, 66, 78, 79, 86, 90, 94, 96, 99, 100, 107, 135, 148, 195, 196, 198

理論会計学　25, 27, 28

◆◆ 著者紹介 ◆◆

友岡 賛（ともおか すすむ）

慶應義塾大学卒業。
慶應義塾大学助手等を経て慶應義塾大学教授。
博士（慶應義塾大学）。

著書等（分担執筆書の類いは除く。）
『近代会計制度の成立』有斐閣，1995 年
『アカウンティング・エッセンシャルズ』（共著）有斐閣，1996 年
『歴史にふれる会計学』有斐閣，1996 年
『株式会社とは何か』講談社現代新書，1998 年
『会計学の基礎』（編）有斐閣，1998 年
『会計破綻』（監訳）税務経理協会，2004 年
『会計プロフェッションの発展』有斐閣，2005 年
『会計士の歴史』（共訳）慶應義塾大学出版会，2006 年
『会計の時代だ』ちくま新書，2006 年
『「会計」ってなに？』税務経理協会，2007 年
『なぜ「会計」本が売れているのか？』税務経理協会，2007 年
『会計学』（編）慶應義塾大学出版会，2007 年
『六本木ママの経済学』中経の文庫，2008 年
『会計学はこう考える』ちくま新書，2009 年
『会計士の誕生』税務経理協会，2010 年
『就活生のための企業分析』（編）八千代出版，2012 年
『ルカ・パチョーリの『スムマ』から福澤へ』（監修）慶應義塾図書館，2012 年
『会計学原理』税務経理協会，2012 年
『歴史に学ぶ会計の「なぜ？」』（訳）税務経理協会，2015 年
『会計学の基本問題』慶應義塾大学出版会，2016 年
『会計の歴史』税務経理協会，2016 年（改訂版，2018 年）
『会計と会計学のレーゾン・デートル』慶應義塾大学出版会，2018 年
『日本会計史』慶應義塾大学出版会，2018 年

会計学の考え方

2018年12月30日　初版第1刷発行

著　　者	友岡　賛
発 行 者	大坪　克行
発 行 所	株式会社　泉　文　堂
	〒161-0033　東京都新宿区下落合1-2-16
	電話 03-3951-9610　FAX 03-3951-6830
印 刷 所	税経印刷株式会社
製 本 所	牧製本印刷株式会社

本書の無断複写は著作権法上での例外を除き禁じられています。複写される場合は，そのつど事前に，（社）出版者著作権管理機構（電話 03-3513-6969, FAX 03-3513-6979, e-mail：info@jcopy.or.jp）の許諾を得てください。

JCOPY ＜(社)出版者著作権管理機構 委託出版物＞

Ⓒ 友岡　賛　2018　　　　　Printed in Japan（検印省略）

ISBN 978-4-7930-0619-7　C3034